思想觀念的帶動者

文化現象的觀察者

本土經驗的整理者

生命故事的關懷者

心靈工坊 PsyGarden

GrowUp

愛的開顯就是恩典，
心的照顧就是成長；
親子攜手，同向生命的高處仰望，
愛必泉湧，心必富饒。

我不壞，我只想要愛

I am not bad,
all I need is love

高雄市諮商案例故事集

以愛為名，種下心中綠意大樹

現代社會日益複雜，家庭結構不似往常緊密，父母離異家庭破碎成了社會現象。對青少年來說，缺乏父母的愛，永遠是他們世界天崩地裂的開端，更嚴重扭曲影響青少年的個性，從此他們失去純真、流失更多的愛，他們開始衍生許多不良行為，讓校園忐忑不安，成了社會隱憂。我們看見一張張失去愛的青少年容顏，我們內心遺憾，我們全力挽救。

所幸，我們以愛為名，以關懷為出發，高雄市政府教育局所成立的學生心理諮商中心，設有專業的諮商師及心理輔導人員，遇到青少年行為偏差、師生衝突、家庭關係、情緒困擾、性別議題等，都給予最真誠、最專業的輔導。這本書所蒐集的四十二篇故事，就是四十二名諮商師及心理輔導人員，在校園裡為青少年們打開心之鑰匙的真實歷程，譜成一篇篇充滿愛的生命樂章。

在這些感人的故事裡，我們發現青少年的異樣行為，大部分出自缺乏父母豐沛的愛，有時更誤會師長的管教方法，因而產生不良行為。如果仔細檢視青少年的這些行為，未嘗不是他們對外求援的方式，他們內心沒有愛的澆灌，只好以不正常的言行，要求外界注意他們的靈魂早已受傷，需要眾人的救援。

本書裡就有很多這樣的例子，外表溫文清秀的青少年，卻是個性暴戾的「暴龍」，或是在學校表現很大尾的暴力份子；女生的話可能是口氣很衝的帶刺玫瑰，也或者是桀驁不馴、和老師對嗆的新世代少女，但他們內心真正需要的是各界愛的關懷，《我不壞，我只想要愛》裡各篇章的故事，在在都說明，這些青少年不是無藥可救，只要學校、老師、同學，還有家長各方面施予愛的良藥，諮商師及心理輔導人員予以專業遊戲治療等方式，他們早晚會敞開心扉，文裡的暴龍最後被自己馴服，很大尾的那位同學，最後展現溫柔的一面，大家共同迎接生命燦亮的陽光。

此外，在性別議題、家庭關係、情緒困擾上，青少年都面臨身心種種煎熬，極待各方面伸出援手。在性別議題上，有不少青少年誤解愛情意義，只為尋找失去的家庭溫暖，提早尋求情愛的慰藉，像〈追愛小如〉、〈渴望愛情的少女〉等故事，都說明了青少年對愛之需求何等渴望，對性別的認同何嘗不是如此，這些方面都有待社會各界付出更多的關懷，讓青少年們了解各種層次的愛之真諦。

青少年時期情緒的困擾，往往會造成青春生命的遺憾，像〈小米的天空〉等篇章，探討青少年如何尋求情緒正常管道的抒發，千萬不要以傷害自己為手段，應替自己的命運開啟更寬廣的天地，其實只要和師長、同學、家人之間保持密切的溝通，情緒困擾將如同昨日黃花，化身為向前衝刺的動力。

在家庭關係部分，現代社會的家庭崩解，成為青少年問題的根源，如何維繫家庭核心的緊密情誼，強化家庭情感的動能，是各界努力的當務之急，如同〈純純心中的綠意大樹〉一文，文中的小女孩因父母離異接受諮商治療，起先她很悲觀地畫出一棵褐色大樹及灰色女孩，隨著小女孩接受諮商師的開導以及父母適時的關愛，小女孩的心情逐漸開朗，最後小女孩的圖畫，將原本凋零的枯樹畫成長滿綠葉的大樹，小女孩高興地在大樹下玩遊戲。

如此感人的故事，讓我們感受到這世上沒有壞小孩，只有需要愛的孩子們，讓我們大家一起努力，以愛為名，在每個人心中種下綠意盎然的大樹，將愛的根莖，向心靈深處紮得更深、更有力，讓愛的種苗遍灑天地之間。

高雄市市長　陳菊

校園諮商是
愛與專業的創新作為

在這不斷滾動的多元社會和多樣的家庭結構中，學生所受到的影響既鉅且大。許多孩子或是默默承受壓力，感到焦慮憂鬱，抑或是透過偏差行為以因應適應不良的困境，這些現象都讓身為教育者的我們深感責無旁貸，希望透過真誠溫暖的心、接納關懷的態度、積極同理的做法，打開學生緊閉的心房，陪著孩子探索生活中的點點滴滴，拼貼成獨特的生命地圖，並朝向希望的願景築夢踏實。因此，高雄市乃倡議成立學生心理諮商中心，在校園裡提供心理諮商的服務，找回學生內心源源不絕的寶藏，這是彰顯愛與專業的創新教育作為。

諮商工作對台灣社會而言，是一項既新興又陌生的行業，說它新興是因為心理師法甫於民國九十年通過，高雄市學生心理諮商中心則於九十四年成立，距今都是不到十年的光景；說它陌生是因為這份工作是需要遵守專業倫理的，多數時間是在會談室關起門進行，出了會談室，很多內容都不能說。猶如埋管線工程，只看到工程人員在施工，不知道地底下是如何佈線的，可是這項奠基的工作卻是不可或缺。高雄市在這幾年的耕耘努力下，工作團隊的諮商心理師和心理輔導人員不斷地累積接案經驗，融合不同個案生命故事的精華，透過文字娓娓道來，希冀幫助讀者理解諮商輔導人員和學生互動的過程，以及諮商輔導的心理歷程與專業技術的運用。

本書收錄四十二個諮商故事，並依照類型分為行為篇、性別篇、家庭篇、師生篇和情緒篇等共五篇。行為篇中無論是不為人知的〈隱形蟲〉、可怕大尾的〈暴龍〉、好動的〈跳跳糖男孩〉等，我們透過諮商服務，協助其發掘自我優勢與發展能力。性別篇的〈渴望愛情的少女〉、充滿情傷〈追愛小如〉、〈剪掉長髮的抉擇〉等，在少年維特的煩惱階段中，逐漸找回自我認同和自我價值，展現青春力量。家庭篇的〈自由飛鳥〉、〈拒絕上學的薛西佛斯〉、〈純純心中的綠意大樹〉等，能夠跨越原生家庭的障礙，爆發生命的堅強與韌性。師生篇的〈阿痞變英雄〉、〈帶刺小玫瑰重生記〉、〈小安的祕密基地〉等，瀕臨危機的狀態終化解成轉機，老師和學生重拾舊日的愛與關懷。情緒篇〈小米的天空〉、〈摘下假面的小狼〉、〈讓希望的種子發芽〉等，不管是低落憂鬱或是高張乖戾的情緒，經過宣洩與增能賦權後，學生再度將笑容掛在臉龐如向日葵般燦爛。

綜觀全書，高雄市學生心理諮商中心憑藉著對教育的愛與熱忱，結合各領域的專業人員，達成專業教育的目標。本書正是一個最好的例子，我們用四十二把鑰匙開啟四十二名學生的人生關卡。如此感人的故事，讓我們感受到校園裡其實沒有所謂的壞小孩，只有需要愛的學生。我們以愛為名，為學生播下一顆量身訂做的心靈種子，種苗逐漸成長茁壯，成為綠意盎然的大樹，樹枝茂密開花結果，愛的花粉飛舞在無盡的大地，從此生生不息。

高雄市政府教育局局長 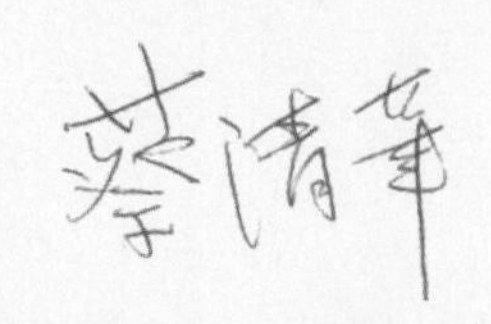

桃花心木的控訴

夏日雨後的傍晚，我沿著澄清湖畔信步前行，突然發現一棵被砍斷的桃花心木上有一張告示：「含冤告白：我是一棵正在成長的年輕桃花心木，只是因為軀幹傾斜，妨礙了人類的行走，便把我攔腰砍斷。現在我性命垂危。安知道我為何會彎腰傾斜嗎？幼小時，我原也是一棵可愛的樹，枝葉茂盛、欣欣向榮，不斷地向天空伸展，充滿希望，盼著有一天出人頭地，可以為人類服務。但是一場颱風，在狂風暴雨中，我彎了腰、駝了背。雖然我活了下來，卻落到今日的下場，成為一棵殘樹。可惡的人類，在當時為何不扶我一下，拉我一把？！我一定會長得挺拔英俊，成為有用之材。現在我要抗議！抗議！還我清白、還我生命！」

讀完這份長長的含冤申訴，讓我站立良久，感慨莫名。在人類的世界裡，不也是有許多幼苗，遭受到家庭的風暴、學業的風暴、情緒的風暴，現在的風雨……使他們彎了腰、駝了背嗎？所以我們要及時用愛心、熱忱與專業來扶他們一下，拉他們一把。這本故事集，就蒐集了四十二篇小樹的故事，敘述了專業人員的愛心，應用扶正拉拔的技術，讓小樹快樂地成長，不會成為殘樹枯枝，申訴冤屈，而是成為社會有用之材，永遠充滿了自信與快樂。

高雄師範大學前校長 董正之

讓我們一起來關心
兒童的內心世界

高雄市學生心理諮商中心累積最近幾年的心理諮商服務經驗，出版了這本諮商案例故事集，確實讓人有一種驚豔的感動和佩服。每一篇諮商案例故事，作者們以細膩流暢的文字，敘說故事主人翁的小小心靈，如何接受諮商心理師真心誠摯的邀請，勇敢地走進自己的內心世界，透過遊戲和對話，學習去處理那些難以碰觸的創傷、失落、恐懼和憤怒。

本書內容相當豐富，諮商案例涵蓋各類兒童問題，包括行為問題、兩性問題、家庭問題、師生問題，以及情緒問題。閱讀本書不僅讓人增加對於行為偏差、情緒困擾兒童內心世界的了解，而且可以增進對於兒童諮商歷程的學習。兒童的情緒與行為問題，往往和原生家庭和學校教師有密切的關係，本書再次證明結合兒童的個別諮商、家長與教師的諮詢，以及家庭與學校生態環境的調整，是輔導成功的最佳策略。每篇文章後面的輔導心語與愛的註腳，對本書的專業性更有加分的效果。

大家都知道預防勝於治療，以及防微杜漸的重要，針對行為偏差與情緒困擾的兒童，提供早期諮商介入，確實可以預防各種社會問題，如少年犯罪、兒童虐待、家庭暴力、藥物濫用、精神疾病以及中途輟學等，因此早期諮商介入服務是值得政府以更大力度去推展的重點項目。

感謝高雄市學諮中心出版本書，與讀者分享豐富的諮商服務經驗。個人十分喜歡學諮中心的服務模式，希望學諮中心可以擴大辦理，並且做為其他縣市觀摩學習的對象。本諮商案例故事集值得每個與兒童工作的教師、家長和心理衛生專業人員參考。

臺灣諮商心理學會理事長 林家興

與子同行，邁向陽光！

多年前大學聯考的作文題目「假若教室像電影院」，引發教育的反思，然而現在的青少年學生幾乎都成為習慣圖像思考的「動漫族」或「網路族」，如何與學生的需求與習慣，搭上線，寓教於樂吸引青少年學生的參與，是歷年來教育必須思考的議題。

假若「輔導老師」像「大哥、大姐」，「像爸爸像媽媽」，「像同學或朋友」，讓青少年有苦惱時願意與輔導老師傾訴談心，也是許多輔導老師努力的目標之一。

許多青少年愛聽故事，每一篇輔導故事的背後，有著青少年努力的歷程，也包括許多輔導老師、青少年家人的愛心與辛苦！此次高雄市學生心理諮商中心諮商故事集團隊，基於對輔導的使命感，將輔導經驗加以消化，以生動的方式匯集成冊，殊為不易！

此次輔導彙編內容豐富包括行為篇、性別篇、家庭篇、師生篇、情緒篇共五篇，共四十二則，在每篇開始皆有一篇生動貼心的序言，插圖活潑， 體例清晰簡明，文筆生動加上別出心裁的「輔導心語」、「愛的註解」、「隨心筆記」，皆為本書的特點，尤其愛的註解裡將輔導老師的輔導策略與方法加以解析說明，有利於輔導同仁的了解與觀摩學習。

摘錄一段書上第一篇中的序言：

「你將認識真正溫柔良善的自己。以愛為名，讓我們一同迎向明日早起的陽光！」

藉著本書將感動更多輔導同仁，與青少年學生與子同行，邁向陽光！

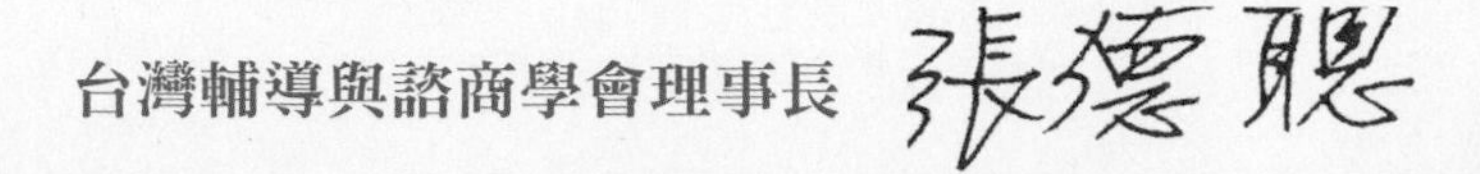

有愛無礙，終極關懷

「沒有教不好的學生，只是還沒找到最適合的方法！」這句話不只適用於教學，也同樣適用於輔導工作。感謝高雄市學生心理諮商中心非常用心地針對中小學學生常出現的困擾問題，分成行為篇、家庭篇、師生篇、性別篇與情緒篇等五部分，邀請四十二位中心的督導、專任人員、心輔人員與諮商心理師，以深入淺出的個案呈現方式，精心撰寫這本《我不壞，我只想要愛》。

整本書除了諸多的真實案例介紹，並在案例之後輔以「輔導心語」及「愛的註解」的諮商理論與技巧說明。本書中各個輔導老師與諮商心理師橫跨不同諮商理論，運用不同技巧與媒材來協助這些個案，非常適合學校老師、家長，以及學校輔導工作的實務工作者參考。

期望學校輔導工作，能透過有愛無礙的理念與務實的作法，達到對學生的終極關懷，讓更多莘莘學子能在燦爛陽光下展歡顏。

中華民國諮商心理師全國聯合會理事長
台灣遊戲治療學會理事長

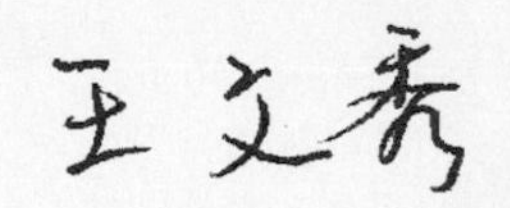

目錄

序

單元1 行為篇

單元2 性別篇

單元3 家庭篇

單元4 師生篇

單元5 情緒篇

單元1 行為篇

無論你心裡隱藏著不為人所知的隱形蟲
還是好動的跳跳糖男孩
或許
你是對生命充滿迷惘的美少年 美少女

我相信 你心中都有一個不能說的祕密
對愛的渴求　內在靈魂的呼喊

透過輔導諮商
開始在乎及尊重別人的感受
再可怕大尾的暴龍終被自己馴服
你將認識真正溫柔良善的自己
以愛為名
讓我們一同迎向明日早起的
陽光

文 賴幸瑜

「暴龍」是名國中二年級男生，家中只有他一個獨子，轉介單上洋洋灑灑寫著他令人頭痛的不良行為，包括對老師同學恐嚇、暴怒、咆哮等惡劣態度。學校發現他把自己行為合理化，把過錯歸咎到他人身上，校方苦思對策，找上學諮中心。

令人好奇的是，家庭評估欄位寫的是父母管教態度不一，父親偶爾會管教小孩，但效果不彰，有時還會袒護他。母親則對這個看似脾氣暴躁的小孩無力約束，甚至會害怕面對他。

第一次與暴龍碰面的過程，令人印象深刻。

我看著暴龍側著身子，快速地溜進諮商室，馬上關上門。即使窗帘拉上，暴龍只要聽到聲音或看到影子，都會立刻往外瞧。暴龍展現過度的警覺與焦慮，這正是他的問題所在。

在那次會談中，他談了好多與酒、槍、刀有關的話題，他能細數哪些槍是什麼年代的、威力是什麼，刀分成哪些類、哪些最好用。他還告訴我，過去他怎麼嚇住同學，讓他們從此都不敢再動他。除了這些言詞，我聽見他內在真正的聲音。

我對他說：「我發現你對自己感興趣的東西，會徹底地去研究、去了解、去分析，這些東西你朋友應該沒有人知道吧【註1】！」

暴龍很有自信地說：「當然！他們笨得要死、都玩些幼稚的遊戲。」

我問他：「你雖然跟外面的朋友混在一起，但是你有自己的原則，不碰煙、不碰檳榔……」

聽見我的回應，暴龍得意地繼續說他混社會的原則與堅持。

我直視他的雙眼說：「你雖然談很多刀槍、打架的技巧，但我發現你心底最喜歡平和的感覺。」

我繼續說下去，「你很會分析，知道許多事，但卻好像沒有辦法和班上的同學處得來。像你這樣聰明、這麼會分析的人，你想過為什麼沒有辦法和他們相處嗎？」

暴龍愣了一下，沒再多說什麼，他望著窗外，好像思考著我說的話。

隨著諮商的進行，暴龍幾乎是每兩次會談中，就在學校出一次狀況。

我常常一走進學校，老師或組長就跑過來，急切地告訴我說，暴龍又闖了什麼禍……

第四次碰面前，他因強壓一名同學的脖子，被帶到訓導處，他硬要把過錯推給對方，再度與組長對槓起來，學校不知道怎麼辦，只好請來暴龍的家長。想不到暴龍的父親在老師面前竟大力踹他，彷彿要教訓給老師看似的；而暴龍面對父親的暴力相向，一臉冷漠，似乎這一切都和他無關。

第五次會談，我與暴龍討論他脾氣爆發的關鍵點，他才提到自己與外面朋友，事實上相處得很好。

我說：「不會吧！你外面的朋友為什麼都知道怎麼和你相處，知道你脾氣上的地雷，還會自動遠離或提醒別人要小心【註2】？！」

暴龍看了我一眼：「這是比較熟的朋友發現的，只要有人踩到我的地雷，大家都會提醒那個人趕快閃，免得被我打。」

「是喔！所以你外面的朋友還蠻了解你的。」

暴龍其實很擔心自己脾氣完全失控，所以我們討論了「綠巨人浩克」，分享綠巨人浩克知道自己發怒失控後，會造成多大的傷害，浩克因而不斷找方法，讓自己可以學習控制情緒，減少出事的機會。

經過幾次諮商後，暴龍說，他現在情緒穩定多了，有事時會趕緊深呼吸，較少惹事生非。

第八次會談，暴龍向我回顧自己從小到現在，最容易發脾氣的狀況。他發現自己控制脾氣和情緒的能力不斷增強，他開心地笑了。

我越和暴龍相處，越發現他所做的事情，背後最大的目的，充其量就是想保護自己而已，他並沒有傷害別人的意圖。

就在此時，我接到學校的電話，說要開個案會議，學校表示要討論怎麼處理暴龍一再出現的反社會行為。我想這是一個好機會。學校找來了導師、家長、少年隊警員、輔導組長、諮商師、學務主任與訓育組長等人。會議中，輔導組長分享平時與暴龍互動的心得。我在會中說，暴龍的學習困擾，使他的自尊心降低，在課堂上得不到成就感，只好往外發展。

暴龍的父母聽到我的分析後恍然大悟，心裡對孩子感到抱歉，過去沒特別注意學習困擾對孩子的影響，只是覺得他那麼容易忘東忘西，以為一再責打就能改善。他們表示願意回去試試看和孩子溝通，鼓勵孩子進行評估。

個案會議結束時，大家找到了彼此的定位，更了解孩子的過去與現在問題之間的連結，不免鬆了一口氣。

個案會議後，輔導組長在新學期為暴龍安排了技藝課程，我在開學後又與他碰了兩次面。我非常訝異，發現他過度對陌生人的警覺、焦慮，已完全消失無蹤。

我問他暑假的近況，才發現他真的喜歡平靜，不喜歡和人吵來吵去，而他也開始發現外面朋友真的很不會想。因此，他整個暑假多半時間都待在家裡，還說這些人淨出些鳥事，煩死了。

我說：「你很不錯喔，會慢慢去觀察朋友，也看見自己想要的是什麼，知道什麼時候去找外面的朋友就好，也不斷在思考自己的未來。」

暴龍回答：「對啊！都國三了，就希望自己將來也可以有好的未來。」

我們再碰面時，組長告訴我，老師說暴龍改變很多，也多次在班上讚許他在技藝班的表現，與老師間的互動也進步許多。

沒想到的是，又一次我被告知暴龍開同學玩笑，把筆放在同學的椅子上，家長生氣地來學校，暴龍再次失控……。

會談時，暴龍開始想碎碎唸談這件事（進入他那慣用的模式——都是別人的錯、一直唸），我停下來望著他，一段時間後，他發現我在看他，低語說：「搞什麼鬼，停不下來一直念。」然後打自己一下。

我記得，暴龍有次提到他到一間教室找朋友，卻被教室的老師驅趕，他火大地頂撞老師。那老師後來看見暴龍和另一名同學講話，不但叫開那同學，還告誡那同學暴龍的行為，要同學離他遠一點。暴龍相當生氣地告訴我：

「我要重新改過，為什麼不給我機會……」

我說：「你以前的一些行為，的確會讓老師反感，不過，你的同學有因此而受到老師的影響嗎？」

暴龍突然驚覺說：「沒有，他們還是會來找我，老師如果快來了，就會告訴我一聲，然後快點跑掉。」

我說：「是啊，你身旁的人發現你改變了，他們也有自己的判斷力。你就繼續努力學習控制自己！漸漸地，會有更多的人看見你的改變的！」

暴龍靜下來，向我笑了笑，走出諮商室。

我靜靜看著他離去的背影，心想暴龍的火爆脾氣已逐漸消失，他被自己的良善個性馴服了，再也不是動不動就發飆的「暴龍」。

下次見面時，我得幫他取個新的綽號才行。

輔導心語

孩子行為的背後總有他的來由，這麼多的偏差行為背後，其實有他自己的故事，也真的需要有人細心地去看見、去聽見，細細地與他走一遭，重新整理他的生命故事。而被看見與被聽見的暴龍，開始能夠不焦慮，發現自己有能力、有控制力，也希望自己可以重新表現，有一個新的開始，得到他人認同。

過去的他用錯的方式與他人互動，現在的他知道可以有不同的選擇，當然會想用更好的方式去嘗試。願有機會與青少年、兒童相處的人師，都可以聽見、看見孩子有的正向資源，引領他們看見新的自己，更喜歡自己，幫助他們選擇新的方式來面對生活。

愛的註腳

【註1】「重新建構」：焦點解決短期諮商利用「重新建構」的技巧來促發當事人拓展看待事物的多元眼光，減少陷入「窄化」、「僵化」的危機，打破僵局才能看見希望。

【註2】「例外架構」：焦點解決短期諮商會引導當事人注意到「例外經驗」，使當事人注意自己已經存在的資源與力量，進而產生信心，並從成功經驗中找到行動的方向。

隨｜心｜筆｜記

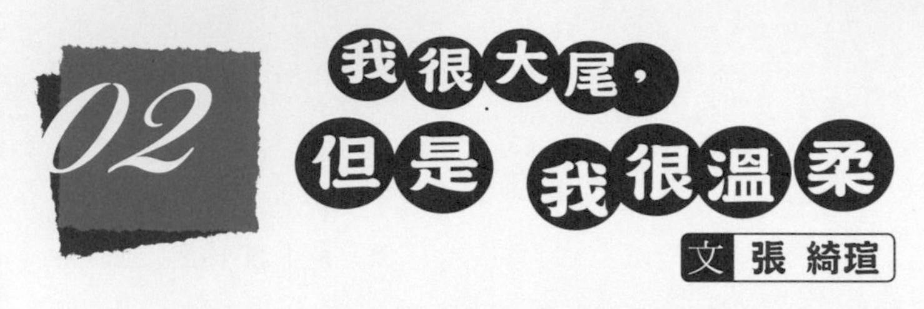

聽到一陣跑步聲，到了諮商門口卻停了下來。我看見一位白皙皮膚、雙頰略微粉紅的帥氣男生，微微低著頭走了進來。

「老師好。」他帶著燦爛的笑容對我說話，我注意到他笑起來有酒窩。以國一的年紀來說，大偉有個壯碩的身材，頂著略帶金黃色頗時尚的髮型，顯然是用髮雕特別抓過的。

「你是大偉？我是輔導室安排到學校和你見面的諮商師。」我遞出貼有可愛貼的名片小卡，做了自我介紹。

「我剛剛聽到你跑步的聲音，是不是因為已經打鐘了，所以你用跑的過來？」我帶著微笑溫和地問他。

「我剛剛在追同學。」大偉帶著些微靦腆的笑容，望了我兩秒，順手弄弄頭髮回答。

「你的髮型很酷，是你自己做的造型嗎？」我發現大偉似乎很在意自己的外型，所以決定從這個地方開始表達我對他的欣賞，建立正向的諮商關係。

大偉是國中一年級的男生，學校老師口中的頭痛人物，班上同學的任何舉動和言語，只要讓他感到不滿，他便大聲斥責同學，擺出蓄勢待發的姿勢，隨時準備打架。即使是別班的同學，只要看不順眼，他隨時會出手和對方打起來。

在第一次的諮商中，我希望能夠讓大偉感受到，在這裡他可以放心談談內心的想法和感受。

從他的言語和行為的表現，我盡可能傳達對他正面的欣賞與肯定。只有在一個信任、不擔心被批評的氛圍中，我才能逐步進入轉介的問題。

我問道：「大偉，你覺得是什麼讓我們有機會一起在這裡談話？」

「我會嗆老師……」大偉只停頓了一秒，很乾脆地這麼說。他說的時候還刻意露出酒窩，笑著望了我一秒，又轉回望著放在雙腿上的兩隻手，偶爾搓搓手。

「哦！我跟老師相處不太愉快。」大偉若無其事地說道，「我這個人就是這樣……」可是這樣一個讓老師挫折又無力、讓同學恐懼的學生，在諮商室裡面和我的互動卻沒有火藥味，還不時露出靦腆的笑容。

我感到驚訝，大偉承認自己確實是個囂張的人，就是那種只要看不順眼就想要教訓別人的人。第一次的諮商讓我留下深刻的印象。大家眼中欺負同學的大尾學生，對師長也態度惡劣，但他的另一面卻是真誠而坦白的，甚至對自己行為有所覺察。

為了了解與核對大偉在學校的情形，我與導師談了一節課的時間。過程中，我同理導師是一位教學認真、要求嚴格的老師，對大偉用心良苦，但也因此更感到挫折、無奈【註1】。

我傾聽導師敘述時，了解到大偉爸爸喝酒後很容易暴怒，打過大偉媽媽……。我的內心有個紅燈亮了起來，大偉是個目睹家暴的孩子？他自己是否也被爸爸打過？我向導師說，這可能是大偉暴力行為的起因。

我向導師說明大偉對爸爸的憤怒，很可能會投射到其他權威角色的身上，即使師長只是對違規學生的一般告誡、教訓或處罰，也可能引發大偉情緒上的憤怒，讓大偉聯想到爸爸以權威態度毆打媽媽的情景【註2】。

與導師晤談的尾聲，他安靜聆聽頻頻點頭，表示願意用不同的方法協助大偉。

接下來的諮商，我告訴大偉：「這裡有各種動物，你可以選擇代表自己和家人的動物嗎？可以包括不住在一起，但是互動很多，或對你很重要的親戚。」

大偉對於我帶了許多物件，而且跟小時候玩的玩具類似，感到很有趣，他一個一個拿起來端詳，偶爾還發出驚訝的聲音，我彷彿看到一位天真的小男孩。

大偉說：「這隻獅子好大！他當爸爸好了，因為他喝酒以後很兇。媽媽用這隻羊代替，我是這隻暴龍……」

從大偉選出來的動物，很清楚地看到他內心如何看待每一個家人。大偉擺放家人的每一個位置，顯示家庭互動的情形。

原來大偉還是學齡前階段的時候，就常常目睹媽媽被爸爸毆打。爸爸也曾經打過大偉，雖然次數很少。

我說：「只有三、四歲的小偉，看到媽媽被爸爸打一定很害怕又無助，因為自己很小幫不了忙【註3】。」我用「小偉」這個名稱，區隔現在長大的大偉，來幫助大偉好好看看小時候的自己發生了什麼事。

大偉安靜地點點頭。

我說：「我想小偉心裡面對媽媽可能很不捨。」

大偉回答：「對啊！我覺得我媽媽很可憐。」

我從導師敘述中，得知大偉一直以來很聽媽媽的話，最近開始會跟媽媽頂嘴。我想大偉對媽媽的順從，想必和他對媽媽處境的感受有關。然而，無法反抗的媽媽，可能讓大偉從感到不捨、傷心無助與挫折，慢慢演變成對媽媽的氣憤，進而，效法爸爸的暴力行為。

「你覺得我剛剛說的有接近小偉的感受嗎？或者你可以幫小偉說說話。」我希望傳遞給大偉的是一份尊重，透過這份關係的體會，期待他也開始修正自己與他人互動的模式。

「當你看到嚴格要求的老師，會不會好像看到類似爸爸的人，心裡那個憤怒很快就升高呢？」我試著連結大偉對學校師長的情緒反應，希望讓大偉因而察覺到自己的情緒和反應。

「嗯！好像是這樣。」大偉點點頭，用微弱的聲音回答我，彷彿陷入沉思。

接下來每週前往學校，我會先從輔導老師那裡了解大偉一週來的狀況。雖然他還是會跟同學打架，但是和導師的相處改善許多，也做到不在學校內抽煙的要求。

我對大偉有信心，他強悍行為的外表下有一顆真誠的心，裡面住了一位很想幫媽媽、又溫柔多情的小偉。

每一次的諮商，我蒐集一個禮拜以來，輔導老師轉述關於大偉的努力，擴大與深化他所做的改變。同時，他對媽媽的關心，更是協助他節制暴力行為的最大原動力。

我確信在大偉的心中已經種下希望的種籽，在未來的日子可以發芽茁壯。

最後一次諮商，我們一起回顧這段時間，在大偉專用的諮商筆記本中，所記錄的點點滴滴以及作品的照片。

我將這諮商筆記本與事先準備好的一顆種子，送給大偉，上面刻有「祝你幸福」幾個字。我希望這份互動的感動與改變，透過具體的物件繼續陪伴他，成為一個紀念、祝福與提醒。

大偉露出一貫的笑容謝謝我，他看著我說：「我不再做老大了！」

我們兩人開懷地相視而笑。

輔導心語

從這個個案可以發現大偉演變成當下的行為，是有脈絡可循的。找到問題發展中的背景與關鍵事件，探討大偉如何感受以及思考的方向，從內在世界鬆動他習慣的行為模式。

同時，與常接觸的師長晤談，在不違反保密倫理下，協助其了解大偉不為人知的內在世界，多一份理解，就能多一份包容。否則，只是看到大偉反抗與欺凌他人的行為，很難以內在心情和他建立關係。

此案透過諮商處理大偉內在問題，更與師長進行雙向溝通，希望能以適當的管教方式，從心靈及行為上雙管齊下輔導大偉，喚醒他內心溫柔的一面，進而改變暴戾的行為。

愛的註腳

【註1】同理與反映導師的情緒，可以協助導師清出心理空間，重新看待案主。

【註2】以學理及實務經驗向老師說明案主行為可能的發展脈絡。

【註3】同理案主長久以來的感受，並用「小偉」這個名稱讓案主有安全的距離，輔以現在長大有力量的大偉，來協助過去無力的小偉，增進自我內在力量與復原力。

十一歲的梅美，幼年時父母離婚，由父親照顧她。父親覺得梅美資質不錯，功課在課業輔導下表現不差，但她從來不會主動表達自己的需要。她的房間凌亂，喜歡在牆壁亂塗鴉。

梅美的學校老師發現她沒有正常的家庭生活，父親酒醉時甚至會打她，有時是帶她到網咖、遊藝場，或留她獨自在家。

她小學二年級開始斷斷續續發生偷拿班上同學、老師的東西及父親的錢等偷竊行為。每次師長處理時，梅美最初都面不改色地否認她的行為，幾番詢問折騰後，她才肯承認。

師長一致認為梅美生活無虞，不能理解她偷竊與說謊的原因。

但學校老師發現梅美的穿著有些髒亂，身上常常有大大小小的傷痕，梅美都說是自己跌倒的。而她在學校的座位髒亂，抽屜常塞滿字條，甚至掉了滿地。

她會主動告訴老師家裡發生的一般事情，但不跟老師說她煩惱的事；她在校成績不錯，上課喜歡舉手回答問題，在班上的人際關係還不錯。使外梅美喜歡拿自己畫的圖給老師看，老師其實相當欣賞她的畫並給予回應後，沒想到她的偷竊行為，卻更加嚴重。

學校為梅美安排了心理諮商，我因此跟她在遊戲治療室第一次見面。她告訴我，很久以前寵物貓咪死了，她很難過，但是看不出悲傷，顯然她壓抑情緒，不敢碰觸心中傷痛。

我感覺梅美有很多話想說，內心潛藏不安，因而講話快速且小聲。

初期幾次個別心理輔導過程中，梅美說話速度仍然很快幾近呢喃，我吃力聆聽，有時請她放慢速度，有時需要確認她所講的內容。

她說當爸爸酒醉生氣打她的時候，她會害怕，如今已經習慣了。晚上她一個人在家時，如果害怕，就去大樓的管理室。她說得很平淡，沒有顯露任何畏懼，我可以理解她將這樣的生活常態視為一般的現象。

我仔細思考梅美的身心狀態與生活環境，發現她過度悲傷害怕，只好隔離自己的感覺，避免接觸內心的恐懼。她只說自己是害怕的，卻沒有出現害怕的情緒。

梅美在家並未能得到適當的照顧，我擔憂她可能受到來自父親的傷害。

在一次輔導中，她說前幾天爸爸酒醉後拿刀要砍她，差一點將她殺死，她險些就要和人間說「bye-bye」了。

我與學校輔導室討論家暴事件，輔導室將再與梅美的社工連絡。

下一次的個別輔導中，梅美哭泣地說她害怕回家，擔心回去就會「bye-bye」。

一天她拿了家中桌子上的50元，家人說當晚要處理這次「偷錢」的事情。

我對梅美的處境更加憂慮，梅美已承受不了內心的恐懼，她現在只能夠發出哀嚎求救【註1】。

梅美偷竊說謊的問題，單靠她接受輔導是無法解決的，尚需處理父親的暴力問題。社會局於是聯繫上梅美的母親，緊急安置了梅美。

我繼續在遊戲治療室見梅美，她說話的聲音變大聲了，她說媽媽捨不得她住到寄養家庭，所以接她住到媽媽的家，她顯得安心許多，也開心了些。她心裡想著爸爸的喝酒問題何時改變，她認為喝酒傷身體，希望爸爸不要再喝酒。

遊戲治療室裡的玩具櫃有一些色紙包，她拿一包放在我手上，拿幾包放在自己的手上，她說她的比較重，我回應她，可能她心裡面的煩惱比我多，接著她把我手上和她手上的色紙包放回櫃子裡。

梅美已經更能夠接觸自己的憂慮，而少了些壓抑和隔離，她開始對「家」有想像與期待。

梅美的媽媽思考如何同時照顧梅美並兼顧工作，因為媽媽也面臨著經濟上的壓力。幸好社會局提供一份經濟補助，也將協助媽媽取回梅美的監護權。媽媽願意配合社會局的協助，盡力地照顧梅美的身心需求。

一天，媽媽打電話問我，說梅美可能拿了上千元，她該怎麼處理？幾天後，媽媽再度打電話給我，梅美承認拿了錢，但當下就知道做錯了，於是把錢留在家中某處，並沒有花掉。

媽媽問，梅美知道錯而把錢留下，是不是進步了呢？

我同意媽媽的看法，當媽媽用心理解梅美的感受與行為時，梅美的憂慮會越來越少，偷竊說謊還有髒亂的情形，一定會慢慢地改變。

我開始想像，有一天梅美會成為一個可愛乾淨的小女孩，站在我面前，對著我微笑。

輔導心語

英國精神分析心理學家Bion認為，一個「會思考的」照顧者，也就是能夠「沉思」孩子的生活經驗，就能夠幫助孩子的心智發展。沉思孩子經驗的過程，則是需要能接納孩子那難以消化且混亂的思緒。

接觸梅美的初期，漸漸感受她內在深層的恐懼與悲傷，在過程中幫助她從隔離到能夠接觸內心的恐懼感，使孩子能夠得到情緒釋放的經驗。

愛的註腳

【註1】英國精神分析心理學家Bion提出個案內心許多難以消化的感受，需要透過適當的「涵容器」（container）將之消化後，個案才得以碰觸那不敢碰觸的感受。諮商師就是那「涵容器」。經過一段時間的協助，梅美不再隔離心中的恐懼感。

隨｜心｜筆｜記

小學一年級是個極需母親呵護的年紀，小志卻因父母的離異，失去了母愛的滋潤。一年多前媽媽搬離家後，雖然也曾多次回家探望小志與姐姐，但每次總是遭到爸爸的阻止。

爸爸三令五申地告誡小志與姐姐，不能和媽媽聯絡。但是小志想念媽媽的心情，並沒有因為爸爸的阻擋而減少，他總是和姐姐偷偷地打電話給媽媽。

每次只要被爸爸發現，小志和姐姐總免不了遭到一頓責打。

從此，每當小志想起媽媽，總會偷偷地躲在棉被裡哭泣，想念媽媽的心情成了一個不能說的祕密……。

小志自從進入小學，每天總會為了一點小事與同學發生衝突，小則口角，大則動手打人。最嚴重的一次，他憤怒地拿石頭砸向同學頭部，同學血流如注，小志卻仍堅持自己沒有錯。

小志與同學相處，總堅持己見、不知體諒別人，言談中充滿暴力，更會為了一點芝麻小事就情緒高漲，和別人爭執打起架。

此外，小志上課很容易分心，常會不顧旁人唸起不相關的課文內容；遇到不感興趣的活動，對老師的教導不理不睬，甚至會自行離開座位，干擾其他學生上課。

對於小志的不當行為，導師軟硬兼施用盡了所有辦法，也曾尋求小志爸爸的協助，但換來的卻只有小志爸爸一次又一次的打罵，以及小志變本加厲的不良行為，而他脫序的情況，絲毫沒有任何改善。

久而久之，在老師及同學們的眼裡，小志儼然是班上的「小霸王」，人際關係也一天比一天差。最後，在苦無對策的情形下，導師只好前來尋求輔導專業人員的協助。

第一眼看到小志，那聰明活潑的外表，讓人很難想像他會是導師口中的小霸王。雖然是第一次見面，他的態度卻很自然大方，絲毫不怕生。不過，一進遊戲室，他充滿戰鬥力的一面完全表露無遺。雖然遊戲室裡的遊戲媒材很多，但他只偏好刀、槍、恐龍、猛獸、鱷魚……這類的玩具；遊戲的主題，也總脫離不了血腥暴力的內容。

有時，小志會使用攻擊及恐怖類的玩具相互打鬥、廝殺，然後將敵方殺得片甲不留；有時會用恐龍將自己辛苦建造出來的積木城堡摧毀殆盡，為的只是不讓城堡感到孤單；有時則會演出布偶劇，將自己討厭的對象處決，然後斷手斷腳、挖出內臟。

一幕幕怵目驚心的景像，讓人不禁聯想到，在小志小小的心靈裡，到底承載了多少不為人知的心情，讓他必須透過不斷不斷地發洩，才能稍稍撫平心中的不順遂。

這樣的打鬥遊戲，終於在某次打電話的遊戲後，悄悄有了改變。記得那天，小志總是有意無意地接近玩具電話，並且試探性地拿起話筒又迅速放下，如此重複了幾次後，小志終於鼓起勇氣說出他想打電話給媽媽的渴望。

在不斷地鼓勵下，小志象徵性地撥出了一通給媽媽的電話。電話中，他透露對媽媽的離去感到生氣，更表現出想搬去跟媽媽同住的渴望。對於爸爸的管教方式，則顯得又愛又恨。小志指導扮演媽媽的我，如何表達心中對他的不捨及疼惜【註1】。

自從小志打完這通電話，得到情緒上的抒發與宣洩，遊戲主題便不再只侷限在打鬥遊戲，反而開始玩起扮家家酒的遊戲。一開始，小志不僅為我及自己戴上了皇冠，還會拿起梳子幫我整理頭髮。

當我為他戴上項鍊後，他也會很開心地拿起鏡子仔細瞧瞧自己的扮相。

之後的遊戲時間，小志搬出一大堆的鍋具及食材，細心地詢問我要吃些什麼，認真地扮起大廚師，烹飪出一道又一道的美食，最後再與我開心地把食物吃光光。

看著小志臉上那稚氣的笑容，讓人可以感覺到那份屬於孩子的純真，又開始慢慢地回到了小志的身上。

在此同時，導師也觀察到小志在課堂上，已漸漸能配合大家的作息，不再會任意起來走動，言語的暴力也減少了許多。

不過，小志凡事愛計較的個性，仍然在人際之間引起不少糾紛。於是，在進行打鬥遊戲時，我開始邀請小志進行相互說故事的遊戲。在故事裡，我利用相同的角色及情境示範了另一種較為正向的人際互動【註2】。

幾次之後，我發現在小志的遊戲裡，壞人的角色漸漸變少，甚至開始改過自新。在現實生活裡，他與同學之間的摩擦也逐漸減少，也變得更懂得如何去體諒別人。

結案後，輾轉從小志導師那裡得知，小志爸爸現已再婚，繼母對於小志極為呵護。從繼母身上，小志又重新得到他所渴望的母愛，個性也因此變得較為柔軟，不會再為了一點小事就情緒高漲，在班上也結交許多好朋友。

此時，我彷彿又看見小志在遊戲室玩著扮家家酒時，臉上洋溢的幸福笑容。

輔導心語

「離婚」是現代社會常見的議題，但很多父母卻常忽略孩子在這個過程中所受到的傷害。從小志的身上，我看見了一個脆弱的心靈，因為摯愛他的兩個大人而遍體鱗傷。小小年紀的他，並不知道如何抒解這種複雜的情緒，那種對愛失去掌控的感覺，讓他只好透過不斷地武裝自己，來證明自己是有力量的。

每個人都有愛與隸屬的需求，對孩子來說更是如此，一個缺愛的人，我們又如何要求他去好好愛人呢？很多時候，生氣的背後常常壓抑著孩子的失望、難過和沮喪，如果我們不能很敏銳地去探索生氣背後所隱含的意義，那麼問題的根源也就很難解決。有時孩子們的內心世界可能比大人更為敏感，所以在處理分離事件所帶來的失落議題時，可別忽略了孩子的真正感受。

愛的註腳

【註1】透過角色扮演，讓小志在遊戲當中獲得情感的宣洩，並完成想打電話給媽媽的未竟事宜。

【註2】運用相互說故事的技術，提供給小志不一樣的觀點來看看自己、看關係、看問題，進而發展出新的解決問題的策略。

隨｜心｜筆｜記

文 黃月秀

電話那頭的導師，不斷為了下班後還和我聯絡公事，頻頻向我道歉，令她更為困擾的是，要如何在短時間內，把糖糖的狀況一五一十向我說明清楚，好讓我在隔天就能評估糖糖，是否要去看兒童心智科。

經驗老到的資深老師，突然要找我這諮商人員商量事情，又是在下班後如此急切地打電話來，讓我心裡著實忐忑不安。

而關於小女生糖糖與我的故事，就這樣展開……。

別人的禮物飛入糖糖書包

最近二年甲班不斷出現文具失竊的事情，大家都很納悶，到底是誰把這麼多人的筆和橡皮擦都拿走了？

導師私下查訪，赫然發現這個慣竊竟然是乖巧的糖糖。導師心裡覺得不可思議，平時討喜惹人疼愛的糖糖怎麼可能是個小偷？

幾次的事實，不但讓導師覺得有必要與家長密切聯繫，更開始對糖糖使用各種不同的方法。不過，幾次挫敗的經驗，老師不得不請出威嚴的學務主任，希望能嚇阻糖糖那雙想偷竊的小手。

「主任告訴她，下回再偷東西，就要請警察來處理！哪知道她竟然不怕，今天又再偷了一次！」導師在電話中訴說這件事時口氣錯愕，難以理解糖糖的心底到底是怎麼想的。

老師接著描述今天的情形。在晨會中，許多同學得到問卷抽獎活動中的禮物，開心地相互比較，誰拿的禮物比較炫。

沒有拿到禮物的糖糖，看著同學拿到一個比一個漂亮的禮物，心中不是滋味，她指著其中一個東西，告訴周圍的同學說：「這個禮物我很喜歡，它在下午的時候，會自動飛到我的書包喔！」

下午一覺醒來，驚慌的討論聲，讓大家頓時從午覺的清夢中醒來。

「禮物不見了！」失主的大喊，讓大家很快就想到糖糖，紛紛向老師說明早上的狀況，催促著老師檢查糖糖的書包。

糖糖無奈地打開書包後，答案揭曉：那同學的禮物果然在她的書包裡。

同學們一擁而上，搶著把禮物拿回來，糖糖落寞地縮在一角，老師一時之間也不知如何回應，陷入既生氣又困惑的複雜情緒裡，只能靜靜地看著糖糖。

放學後的忙碌未減，忙著聯絡家長商討對策，忙著告知主任糖糖這次再犯的始末。

最後，長期幫糖糖處理善後的奶奶和媽媽，提出了看心智科這個想法，大家決定先請輔導室幫忙看看，糖糖是否生了偷竊病，否則怎麼會在衣食無虞的環境中一偷再偷呢？

隱形蟲做怪

從教室帶糖糖到遊戲室的路上，她不發一語，毫無反抗地跟著我走，對於這一切彷彿有著許多的無助與無奈。

她走入遊戲室的第一個動作，竟是跪了下來，低著頭、搓著手，一副硬著頭皮，面對心中的恐懼。我仔細詢問她，才知道這是平時她偷東西後，被媽媽處罰的儀式開端。

我搓搓她的手，探索每個痛楚回憶的根源。我了解，這雙無力的小手，有許多能力拿取東西，卻同時也要承載巨大的苦痛，不過，小手在這階段沒有辦法拉住不斷被物品吸引的心。而小手的主人唯一能做的，就是認份地接受隨之而來的處罰結果【註1】。

每次書包中放了不屬於自己的物品時，媽媽總是罰糖糖跪下反省，接著便是以愛的小手打糖糖的小手。

談及這些過往時，糖糖不時地揉著自己的雙手，彷彿那些處罰才剛結束不久，淚水不斷在她的眼眶中打轉。

「其實我也不知道，書包為什麼裝了別人的東西，每次都害我被媽媽打？」她困惑地抱怨著。

「好像有一個看不見的什麼，把別人的東西放進妳的書包，害得妳被處罰喔！那麼猜看看，那可能是什麼？」我好奇地想認識那個搗蛋鬼。

「嗯……可能是一隻隱形蟲吧！」她皺眉想了許久，然後才斬釘截鐵地回答。「是那種透明到大家都看不到的隱形蟲喔！它跑去偷拿別人的東西，放進我的書包。」到最後，她確定偷東西就是這隻隱形蟲【註2】。

糖糖描述這隻隱形蟲的「惡形惡狀」，我向糖糖表達對於這件事情的態度。

「看起來我們真的得要想個辦法對付它！」我說。

「嗯！」她堅定地點頭同意這個想法。

討論許久之後，糖糖發現「隱形蟲」的行蹤太難掌握，最好的方法就是把書包管好，別讓它成為「隱形蟲」的幫手，這個令人振奮的想法，讓我們兩人都有強烈的使命感。

是的，管不了看不見的「隱形蟲」，我們就管好每天都看得見的書包囉！

做自己書包的小主人

我們開始腦力激盪，想出每個管好書包的妙計，那雙無助的手，成了捍衛主權的雙手，糖糖努力地記下兩人蹦出的好方法。原本落寞黯淡的臉龐，越來越明亮。

「不過，我只有一個星期見妳一次，平常的時間誰幫妳呢？」我想到了自己的限制。

「嗯……老師，坐我隔壁的花花，她可以幫我的忙。」她知道花花可以成為她有力的另一個盟友。

我們一起拜託導師和花花，不但見證糖糖做下的決定，更要協助糖糖做好自己書包的小主人，不要讓隱形蟲做怪。糖糖則負責要每週回報一次作戰情形，共同商討如何應付這看不見的「隱形蟲」【註3】。

接下來的連續三週，糖糖與隱形蟲的大作戰，傳出屢戰屢勝的捷報，讓糖糖好開心，她每次都急著把紀錄單展示給我看，糖糖成了書包管理高手，成功抵抗「隱形蟲」的惡作劇，一次都沒讓它得逞。

曾經無力的雙手，如今彷彿被神奇的魔力拯救，成為糖糖自己最有力的好幫手，更讓糖糖重新得到周遭親友的信任。

此時，我應該向已經可以獨當一面的糖糖，告別盟友關係了。

多年後的偶遇

和糖糖告別後，我有很長一段時間，不曾在學校中遇到糖糖，只偶爾聽到老師對她的讚許。

直到幾年後的一天，在學校一隅的廁所遇見了她……。

「啊！妳是那個……老師！」糖糖高興卻幾乎叫不出

我的名字。

她告訴我自己剛發生的糗事，彷彿我們不曾分離過，我仍是她最親密的盟友，她說：「我告訴妳一個很好笑的事，我剛剛好丟臉哦！我……我的小褲褲穿反了！」

看著她陽光燦爛的笑顏，我想那隻莫名做怪的隱形蟲，早就不知飛到何處了。

輔導心語

這是運用敘事治療輔導兒童的故事，敘事的概念就是「外化」問題，歷程中還放入行為治療的紀錄表。當以故事與生命對話是如此美好的交流，改變不必然是師生之間的教導督促。

故事中的糖糖，最後成功抵抗那個不斷偷東西到書包的「隱形蟲」，對我而言，我放了許多我的相信在陪伴之中。

相信當事人的主觀世界，尊重他對自己世界的詮釋是我在諮商時一直相信的態度，這份相信雖然常讓轉介學生出來的導師為我擔心，害怕孩子的掩飾騙了我，但我願意相信孩子訴說的是他真實的想法與體驗，而孩子也能從這份相信找到信任的理由。

當大部分的人都指責當事人沒有改變意願時，我相信他只是暫時找不到方法走向心中那份良善的境界，而他也真的想要對抗問題，眼前的不改變或許是困住，或許是用錯方法了，而我們要更著力的就是協助他找到新資源或方法。

愛的註腳

【註1】豐厚充滿問題的主流故事，諮商師認真看待問題故事的敘述，仔細聆聽並接納當事人的挫折與無奈。

【註2】外化並命名，將問題與人分開，對問題命名使得當事人對其困擾更有掌控感。

【註3】圈外見證人，安排能看到當事人正向新故事的人，增強當事人改變的力量與堅持。

隨｜心｜筆｜記

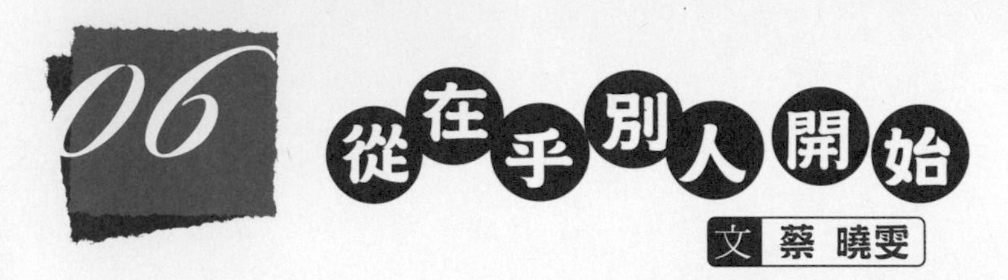

06 從在乎別人開始

文 蔡曉雯

剛上小學一年級的阿宏，別人如此形容他：髒亂、懶惰、好爭吵、欺負同學、罵髒話、畏縮、不專心、發出怪聲、咬指甲、自閉、經常自言自語、上課時擅自離開教室、不參與課堂活動、爬到桌上⋯⋯。

爸爸媽媽在阿宏兩歲時離婚，家中有個大他兩歲的哥哥，爸爸是肢體殘障者，沒有工作，全家人靠著低收入與政府的殘障補助，有一天沒一天地過日子。

阿宏的一天是這麼過的：白天上學、下午在安親班、晚上則參加學校舉辦的夜光天使班（課後輔導），回家後便洗澡與睡覺。

學校成了他最重要的活動空間，大部分的時間都與老師在一起。白天與晚上的老師們，擔心他、也都為他感到頭痛。

父親與他相處的時間只有週末，但一到週六、週日，父親卻常放縱他去網咖，網咖因此成了阿宏的「週末安親班」。

在聽說阿宏的種種「惡行」後，我接下他的個別諮商，隨即我們進行第一次遊戲治療。在我簡單的介紹後，他便自在地玩了起來，安靜專注地組合積木，偶爾抬頭看看我，並且對我微笑。

阿宏有可愛的臉和甜美的笑容，笑起來還有淺淺的酒窩，是個漂亮的孩子，猶如小天使一般。我很開心看到這一面，卻也忍不住提醒自己，總有一天，藏在阿宏內心的「小惡魔」會突然冒出來，讓我見識到他的真面目。

接下來的幾週，預期沒有實現，他內在的小惡魔並沒有出來鬧場。他喜歡來遊戲治療室，每次結束都主動要收拾玩具（在遊戲治療過程並不要求孩子收拾玩具）。阿宏總是會注意我的反應，經常對我微笑。在四次的遊戲治療後，學校老師注意到阿宏不再自言自語。我知道諮商裡最重要的是「關係」，兩個生命真誠相遇正在發揮神奇的力量，我陪伴他，告訴他我眼中所見的他，讓他感覺到我了解他也關心他，這樣的關係讓他開始轉變。然而，我心裡仍有不安，我覺得我還沒有迎戰他的小惡魔，好像他就不算真正變好。雖然身為諮商師，有時候我也會懷疑孩子，等著他「現出原形」，或許真正的小惡魔住在我心裡。

由於學校老師也擔心他與哥哥、同學的相處，因此我開始邀請哥哥一起參與，進行「手足遊戲治療」。哥哥的出現讓遊戲室更加熱鬧，他們沒有出現預期的兄弟競爭，反而一起遊戲、合作演戲、哥哥教導弟弟規矩、弟弟提醒哥哥：在打打殺殺遊戲前先把眼鏡摘下比較安全。

一如往常，我專心地與他們同在，告訴他們我眼中的他們，試著了解與欣賞他們。我心想，除了在遊戲室中看到他們自然展現的兄弟情誼之外，兩人在日常生活中必然也有爭執、打架、競爭的時候，但是因為沒有在遊戲治療中出現，我便沒刻意提醒什麼。

不過，一切的轉變，還真是奇妙，老師說哥哥變得更懂事，而且很會照顧阿宏。我會注意個案的優點，讓他看到他的優點，於是他的優點便越來越擴大，相形之下缺點也變小了。

阿宏雖然不再自言自語，但他仍然無法像同學一樣參與校園的課程，在學校無法聽從老師的管教。於是，我決定再回到個別的遊戲治療。

一開始，他有點生氣不能與哥哥一起遊戲，我說：「我知道你很生氣不能跟哥哥一起玩，但是這個小時我想要跟你單獨在一起，每天放學後，你就可以與哥哥一起玩了【註1】。」

阿宏對此不能接受，開始像得不到糖的孩子般「唉唉唉」的叫、丟玩具，還發出很大的聲音，並且每做一項動作便偷瞄我一下。

我揣摩他的心情說，「真的好討厭喔！不能跟哥哥一起玩。」、「你看起來好像還有點生氣！」、「你好像在意我對你丟玩具會有什麼反應【註2】。」

阿宏沒有收起亂發脾氣的打算，反而決定採取更激烈的抗爭，開始爬到三層櫃上，亂開關冷氣，而且還在地上吐口水。

我認為這些都是危險或破壞性的行為，便再次地「設

限」。

他順從我的勸說，從櫃子爬了下來、放下冷氣遙控器，自己拿衛生紙擦掉地上的口水。

我立刻說：「我看到你遵守遊戲室的規則，並且馬上從櫃子上下來，這樣很棒！」

阿宏並沒有「改邪歸正」，接下來的幾次遊戲單元中，他不斷有新招式，像是拿著玩具熊說：「我要把這隻小熊帶回去。」或是：「這台車是我帶來的，是我的、我要帶回家，你不可以拿走它。」有時候則一邊偷瞄我，一邊把玩具放到自己的口袋。要不然就是討價還價：「現在幾點？還有多久下課？我還要多玩五分鐘喔！」、「要不然多三分鐘！」

除了新招，他還不斷重複舊招式、問相同的問題、做相同的挑戰行為。

久而久之，我從設限的三步驟，簡化成：「你知道我們的規則，而且我記得你每次都有遵守規則！」我制止他，他便微笑地停止了那個行為。

我們共度了許多諜對諜與討價還價的時光。由他的微笑我知道，他喜歡這種討價還價的人際遊戲。在討價還價的過程中，我們好像越來越心安、越來越信任彼此。

再一次遇到阿宏的導師時，她告訴我阿宏在一次違規

●●●●●●●●●●●●●●●●●●●●●●●●●

不聽管教事件後，下課私下向導師說「對不起」，讓老師很感動。我聽了也很感動，我想阿宏真的喜歡這位導師，也開始學會如何跟他在乎的人互動。

阿宏真的有了改變。每次遊戲單元結束時，為了確認他會回教室，我會陪他走回去，初期他總故意跟我走得很遠，如今他可以走在我身邊，甚至跟我牽手。

我覺得阿宏已經從一個我行我素的人，變成願意與人同行。諮商後期，我設定每次遊戲的內容，像是互相畫畫或剪紙送給對方、玩大富翁，教育他更多人際互動的規則，尤其如何對在乎的人表達善意。

我感覺他很在意我們的關係，我希望這樣的學習可以類化到他生活中的人際關係。這個過程也讓我們更加親近、互相喜歡。

阿宏從不太說話的孩子，變成很愛問我問題、跟我聊天。在真誠與愛的關係中，他因為在乎別人而願意改變自己。我從一個戰戰兢兢的諮商師，也開始習慣阿宏這種討價還價、說反話的遊戲，並且喜歡跟他一起畫畫聊天。

有一天我們一起畫畫時，他微笑看著我說：「我討厭你！」他的微笑卻告訴我，他在說反話。

我對著他說：「這樣喔！但是我很喜歡你耶！」

阿宏臉上的笑容，更燦爛了。

輔導心語

輔導的過程像是學習的歷程，我教給孩子一些東西，更向他學習了許多功課。從他身上，我看到自己的不完美，看到自己有時也會懷疑孩子，我也學會了等待孩子，因為他們需要不斷練習「反對」、「挑戰」、「討價還價」、「故意犯錯」，以確認自己是真的被愛和被接納。我更確信：「改變」是在真誠與愛的關係中，從在乎一個人開始，進而學會如何在乎其他人。

愛的註腳

【註1】「設限」三步驟，反映情緒和需要、設定限制、提供替代方案。

【註2】tracking技術：追蹤反映案主的情緒、行為、意圖。

跳跳糖男孩

文 曾德慧

學校老師帶著小立來到遊戲室門口時，小立就像一顆跳跳糖，蹦蹦地彈跳進了遊戲室，好像卡通影片裡的跳跳虎一樣，活潑好動。

他看了我一眼，開始掃瞄遊戲室內的玩具，每拿起一件玩具，沒幾秒就放回去。

我向小立自我介紹，我是他的諮商師，陪伴、輔導他，他心裡有事，隨時可以和我聊。

我向他說明遊戲室的規則，小立瞄了我一眼，我不確定他是否聽清楚。

大部分時間，小立只玩身邊的小皮球，像個彈跳的小超人，他常常丟球，並「不小心」把球丟到窗戶、時鐘……。

我看了有些擔心，我持續設限，提醒他遊戲間的規則與替代方案【註1】。

就讀低年級的小立，很有自己的想法。

小立和同學一起玩時，希望大家都聽他的話，尤其玩遊戲快輸時，他都會要求遊戲停止，重來一次。最後大夥兒不歡而散。

小立還在上課時動來動去，沒事逗弄旁邊的同學，不該說話時，說了一大堆話，有時他還會發出怪聲音。

此外，小立上課無法專心，常常忘記寫作業，課業跟不上，老師很困擾，不知該怎麼和他建立「遊戲規則」。

小立的媽媽帶孩子到醫院做診斷，診斷結果為注意力不足過動症，加上小立有一些情緒的困擾，建議他接受個別諮商。

為了更了解小立在家的樣子，以及小立的家庭對他的影響，我和他的媽媽有了聯繫。

原來小立是獨生子，爸爸媽媽在外頭擺攤。放學後小立先被安親班接去補習，爸媽收攤後才去載他回家。回家後爸爸媽媽都很疲累，不太有體力陪他，只希望他安安靜靜睡覺。

媽媽說，小立在家像個麻煩包，一天到晚出狀況，甚至他會故意不吃飯、開電視開很大聲或是大叫。

我問媽媽，什麼時候開始發現孩子問題越來越多？

媽媽說，兩年前為了生計開始擺攤後，沒時間照顧孩子，他的狀況越來越多。

我希望媽媽每天20分鐘，全心照顧孩子，孩子想玩什麼都陪在他身邊，內容由孩子決定。

媽媽皺著眉頭說，她需要時間做生意賺錢，又要撥出時間陪小立，實在很為難。

我和媽媽說，諮商師只能做到百分之三，學校也是百分之三。其他的百分之九十四，需要家人的努力，孩子很需要家人的陪伴照顧。

小立的媽媽沒有回答，只說會盡量努力，但她喃喃細語說夜市擺攤好辛苦，常讓她心力交瘁……。

小立在遊戲室裡，幾乎只玩一種遊戲——皮球。他希望我和他一起玩，卻不知道用什麼方法。

「跟我玩！」小立說，偷偷看了我一下。

我說：「你希望我跟你一起玩？」

小立開始不耐煩：「對啦！妳不要只是在那裡！」說完之後還瞪我一眼。

「你好像很生氣沒有人跟你玩？而你需要我現在跟你玩！」

「對啦！妳很煩ㄟ，快一點啦！不要說了。」小立似乎更不耐煩了。

我開始跟小立一起玩球，他顯得很高興，把我當成玩伴。快下課的時候，我指導小立社交技巧，以後如果希望找我或同學一起玩，要用邀請的方式，例如：「我們可不可以一起玩？」

小立沒有說話。當下課鈴聲一響，小立忽然與我討論要延長時間一事。他就像菜市場裡議價的小高手，非常堅持、非常「盧」。

「再玩一下就好！再玩一下！」

經過六、七次來來回回的討論，他終於回教室了。前幾次都是這樣的，包含要求拿玩具回家、延長遊戲時間、要求我送他東西等，他很少放棄。倒是我，第一次遇見毅力這麼驚人的孩子，有些挫折，也開始理解老師與家長的心情。

到遊戲第五次，小立終於願意換遊戲主題了！

他選擇了競賽式的棋盤遊戲，我感覺到他每一次都想贏的決心，每一次當他快輸的時候，便告訴我：「我們重新開始。」或是「剛剛那次不算」。

我告訴他：「老師很喜歡和你一起玩，但是每次當你快輸的時候，就要求我們要重玩，我會不知道該怎麼辦才好？」

小立沒有說話，我接著說：「嗯……好像你還在想。沒關係，那我猜猜看好嗎？……常常你很想跟其他人一起玩，也想贏得遊戲，所以就用了這個方法。」他看著我，輕輕點頭，隨後立刻補上一句：「快點啦，不要說話了！」

我回應他：「你超級想玩，希望我可以跟你一起玩，可是卻一直要遊戲重來。這樣子我不知道該怎麼玩，我找不到規則，會害怕隨時都要重新開始，沒辦法做出任何決定。」

小立停下遊戲，好像在想事情，並且把本來要拿起的棋子與骰子全放回原位。

他第一次不再依照自己的意願行事。遊戲結束後，我針對這一點鼓勵他的改變。

下一次來，小立依然選擇玩同樣的遊戲，不同的是，他開始主動顧慮我的感受，當快要輸的時候，他雖不太甘願，仍能遵守原本訂定的遊戲規則。我又再一次具體誇獎他行為的改變與我的正向感受。

我猜，在學校與家庭中總是滿滿挫折的小立，來遊戲室總能得到肯定吧！我看到被讚美後的他，嘴角上揚的離開，也鮮少討價還價，不耐煩與不安的情緒也減少了。

過了不久，老師告訴我，孩子在班上的情緒較為穩定，和同學的衝突減少。

小立很有主見，每一次來都是自己選擇遊戲。

遊戲治療後期，小立通常玩黏土或畫畫，他的小肌肉很發達，可以做出很精細的東西。為了滿足小立的自我控制感，我讓他有機會把作品拍下來。我讓他有十次的拍照次數，他也沒有超越我所設的限制【註2】。

每一次來，我發現他的情緒越來越穩定，非常專注於他的作品上。由於小立在班上狀況逐漸穩定，我也準備結案並交給學校的認輔老師繼續陪伴他。

最後一次見到小立，他帶了一個麵包給我，說他有兩個吃不完。我跟他說謝謝、告訴他從一開始以來的進步，

跳跳糖男孩

也告訴他是一個好棒的孩子。

小立靦腆地離開了，和第一次一樣，跳來跳去，消失在操場的孩子之間。

輔導心語

在小立的世界裡，很多事情都是自己無法控制的，包含回家後沒有家人陪、過動症狀等等，使得孩子很希望能取得控制權，獲得內在的穩定感。孩子以打破界限、討論重複的問題等，想取得主控權。治療師要做的是告訴孩子什麼是可以的？什麼是不可以的？每一次都有相同的規則與界限。最後別忘了讓孩子知道，他可以控制的東西，譬如：把握每一次遊戲時間、決定遊戲的內容、生氣時可以用來替代發洩的物品等。

在生活中充滿挫折的孩子，非常需要鼓勵與讚美。在遊戲中反映出孩子具體的進步，並即時給予讚美，可增加自我概念。

孩子的問題往往反映出孩子個人特質與家庭狀況的總和，若孩子的問題與家庭有關，則需要定期與孩子的主要照顧者聯繫，一方面鼓勵並增強照顧者的動機，才能好好照顧孩子，另一方面了解孩子的進步情形，或生活中的變動等。

跳跳糖男孩為什麼躁動不安？除了診斷出的過動症之外，還有什麼生活不利因素，也需要找出來。文中的小立，在家庭中是被忽視的，需要以「過動」來強調出他的存在感。若我們可以了解這一點，則過動這件事，可以視為最後的結果，而不是原因。

愛的註腳

【註1】通常孩子在遊戲室做出傷害環境或人的行為時，需要讓孩子知道限制。做法是：先同理孩子的情緒或想法（你現在很生氣），再則設下限制（但你不可以打人、打破玻璃），最後給予安全的替代方案（你可以打旁邊的娃娃代替）。孩子的情緒是必然的，以同理與接納的態度伴隨語言出現則是很重要的。

【註2】在日常生活中的小立充滿了不確定感，他不知道爸爸媽媽何時會回家，也沒有人對他的行為給予規範，甚至他可能是害怕與不安的。我希望他可以得到自我控制感，於是讓他練習當一個小小攝影師，作品還可以送給他。給孩子設定拍照次數的限制是必要的，否則可能會落入玩相機活動，或者又讓他陷入了日常生活中的角色。

随 | 心 | 筆 | 記

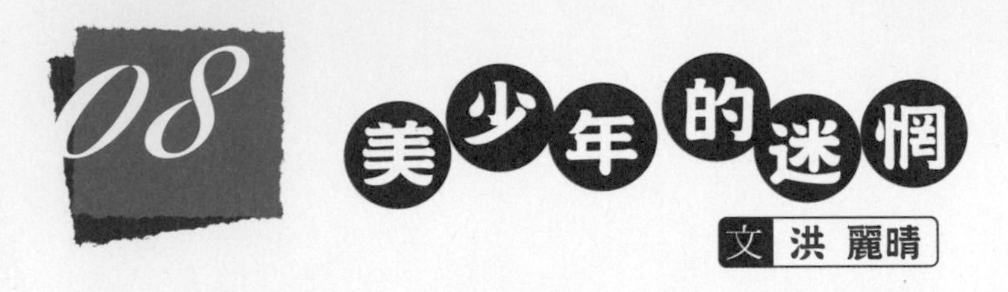

08 美少年的迷惘

文 洪麗晴

慘白的青少年歲月

初次見到小柏，他國中一年級。濃眉大眼、五官立體、輪廓分明，可說是個美少年。

不過，很難相信，小小年紀的他，卻已有竊盜案例，正在保護管束，等待法院判決。這些經歷與我眼前俊秀溫和的他，幾乎無法連結。

原來小柏生長於單親家庭，自小父母離異，與父親、父親女友、阿嬤、姐姐和平日住校的哥哥等六人，同擠在一間狹小的鐵皮屋中。

小柏雖已成長為少年，卻和當時已國中二年級的姐姐，同住在一間不到兩坪大的房間裡。他們和父親與同居人的房間，僅僅只有薄薄的一片木牆之隔

每當夜闌人靜時，父親酒醉晚歸，與同居人激烈吵架，常讓小柏無法入睡，長期失眠使得他無法準時上學，只好曠課，甚至中斷學業。

父親以打零工維生，很少拿錢回家，常借酒澆愁、辱罵貶抑小柏，讓小柏常以「那個人」來稱呼父親，始終不願叫他一聲爸爸。

離異後的母親，住在另一個村莊，與小柏稱之為「伯伯」的男人同居。由於同居人還有孩子需要撫養，母親無法給他精神與物質生活的支持，讓小柏覺得異常孤單。

家中主要的經濟來源，除了低收入戶補助金外，僅靠

著年邁的阿嬤，辛苦從事資源回收，一塊錢一塊錢賺來的微薄生活費，支撐整個家的經濟支出。

小柏與哥哥、姐姐的關係形同陌路。

哥哥受不了家中的生活方式，在國中畢業後，選擇可住宿的高中就讀，很少回家。就讀國中的姐姐，在校雖然沒有偏差行為，但在物質極度匱乏之下，卻能將自己打扮的相當時髦，常常外出遊樂，並外宿男友家。

小柏與姐姐的交集，只有放學後到網咖的那一段時間。但兩人各玩各的線上遊戲與交友聊天室，對於彼此的狀況漠不關心。

生長於這樣的家庭環境中，小柏的學業成就低落，雖已是國一生，卻不識幾個國字，連一篇簡易的文章都無法唸完。

每天到學校後，小柏幾乎就是趴著睡覺，睡到吃午餐，午餐用畢，到校園四處遊蕩，等待放學。

放學後，再到網咖泡到晚上十一點，直到被警察趕人，才回家隨便吃個泡麵果腹，或是空著肚子倒頭就睡！

小柏活在龐大的空虛裡，就算自己的外貌多麼俊美，他對生命充滿迷惑與不解。

小柏的改變

在初期的晤談過程中，小柏總是語氣溫和、面帶微笑，有一搭沒一搭地回應我。

我們的關係疏離遙遠。直到這一次，小柏氣急敗壞從門外走入諮商室……。

「今天我又被記過了！」小柏一坐下來氣憤地說著。

「怎麼了？還好嗎？」

「我今天狠狠修理老師，給他點顏色！看他以後還敢不敢這麼囂張！」小柏拳頭緊握，彷彿一座就要爆發的活火山。

「發生了什麼事？不然，你不會這麼生氣！」我溫和地看著他說。

「……嗯……」小柏欲言又止。

「你受委曲了……」

這時，小柏突然紅著眼眶地說：「你怎麼不像他們一樣，說又是我的錯【註1】……我真的快氣死了！」

「什麼事讓你這麼生氣？」我好聲好氣地問著。

瞬間，小柏臉部線條柔和下來，他說：「老師今天故意叫我到前面，說我是低收戶小孩，個性才這麼差勁，整天只會睡覺……而且……」

「而且怎樣？」

「而且……他還想要打我……可是，沒人會相信……」小柏像一顆洩了氣的皮球。

「我相信！」我毫不遲疑直視小柏說。

「真的！」小柏眼神裡閃現一絲亮光。

「當然囉！你在我的眼中是個性善良、又會體貼幫阿嬤倒垃圾的好小孩！我一直這麼認為喔！」我微笑輕拍他的肩膀說道【註2】。

小柏靦腆看著我，點了點頭。

我們的關係在這次晤談中漸漸地拉近。

認真付出，正當擁有

經過多次的諮商，引導出潛藏小柏內心的良善與溫柔隨和的個性，讓長輩鄰居們紛紛願意提供打工賺錢的機會，比方假日粉刷油漆、一日打掃、參與廟會表演活動等，讓小柏真實體會靠自己努力辛苦賺來的錢，是如此安心與踏實。

經過一年，小柏不像以往那樣，對事事毫不在乎、缺乏自信與不信任他人，他已從自己個性的桎梏中走出。他願意向同學釋出善意，嘗試與同學真誠的互動，相信自己是一位很不錯的人，因此在班上人際關係改善不少。

改變過後的小柏，變得溫柔體貼、自信對待每一位關心他的人。

時間飛快，轉眼間，小柏現在已經是國中二年級的學生了，現今更快樂自信地出現於校園中，與同學愉快相處、生活，期許自己一定要拿到國中畢業證書。

他目前在校的學業成績，雖然仍無法如一般孩子們一樣，但卻認真地靠著自身努力，追求自己想要的生活型態。

小柏已走過慘白的童年，更開心、自信地享受他青春歲月的每一天，俊美的美少年，對生命不再迷惘，反而更充實地迎向命運的藍天。

輔導心語

中輟生與行為偏差的非行少年，他們的問題根源往往不是外表所見的單純，有時候是源自於不健全家庭結構，又遇見了不了解他們的師長，進而衍生出「校園邊緣人」，不見容於班級、校園，只好反求校外人士（如不良幫派、廟公）的認同與肯定，極需我們密切關注與改善。

在陪伴小柏的這一段日子，讓我深刻感受到，縱使在別人眼中是多麼惡質、卑劣的問題少年，只要我們願意放下刻板印象，了解、陪伴及鼓勵他們，我們一定可以看到他們的改變。

愛的註腳

【註1】「接納與支持」：在諮商過程中，這是最基本、也是最重要的關鍵性因素之一。倘使諮商師在知曉此概念後，又願意確實履行它，就能比較容易與個案建立起良善的互動關係。

【註2】「給予高度的肯定鼓勵與自信心」：身為一位諮商師，如果在諮商過程中，能適時給予學生肯定與鼓勵，便能逐漸提升學生的自信。

單元2 性別篇

原來我們內心深處
都深深渴望別人的愛
思索誰來愛我的問題
無論你曾是追愛的少男少女
還是迷戀女性的秀髮
徘徊在同性之愛的邊緣
你我心情忐忑
在愛與不愛之間
我們的靈魂不安地
擺盪

直到來自四面八方
更多的愛與關懷
如陽光穿透內心的孤寂與黑暗
我們這時才知道
努力學習愛人與被愛
自然會泉湧出更多的愛
讓我們有一天勇敢地做出
生命最好的抉擇

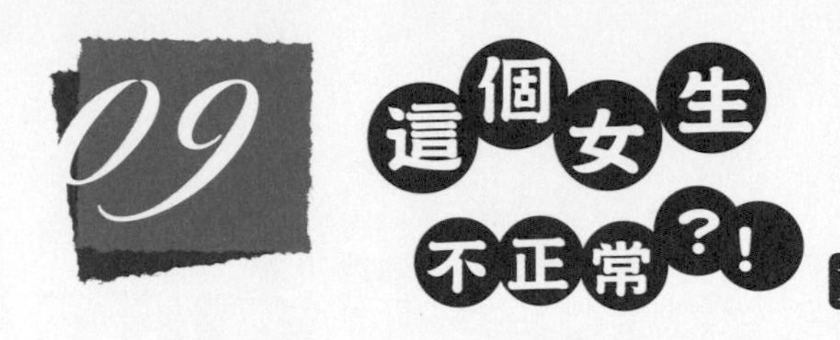

09 這個女生不正常?!

文 莊瑞君

小雪，一頭短髮，俐落的動作，像極了男生！

她，小學六年級，常為了感情的事情以手擊牆，這樣自我傷害的方式，引起親友及校園震動，學校輔導室特別將她轉介到學諮中心，希望能夠處理她的情緒困擾。

這個女生不正常

與小雪見面之前，我先跟導師討論，了解導師對於小雪的觀察，以及期待諮商能夠處理的目標。

導師告訴我，他常常看到小雪會主動找女生講話，或是傳紙條向班上的女同學表白。

導師很擔心小雪這樣的行為，我們討論時還有其他老師在場，導師覺得有些難為情，很小聲地在我耳邊說：「這孩子性傾向不正常，她喜歡女生！同性戀的情感都很強烈，她才會用手打牆壁，我認為她應該只是過渡期吧，希望你可以幫忙把她調回正常。」

我當時對小雪並不是很了解，面對導師認定小雪是同志的看法，我先以蒐集資料為主，而不回應。另一方面，也從導師那了解其他同學對於小雪的觀感，大部分同學已習慣小雪的穿著打扮，並不會排斥她。此外，小雪很喜歡幫助別人，在班上人緣很好，當小雪手上又出現自傷的痕跡時，朋友會去關心她。

家暴陰影成為情緒困擾來源

導師提到小雪曾經目睹父親對母親施暴，加上父親疏於照顧，社工員安排小雪住進安置機構。對導師而言，小雪的自傷行為，可能就是源自於同志性傾向以及家庭暴力的影響。

當我開始與小雪進行諮商，導師提供的資訊做為背景資料，不會影響到我將小雪標籤為同志，我讓自己像個空白螢幕般地，重新認識小雪。

初次見面，小雪健談、有禮貌，主動打招呼，盡力回答我的問題。

在探討小雪為何會以手去打牆壁，她說以前認識一些朋友，常會這樣做，她就學會用這種方法，希望能夠抒發內心的憤怒情緒，加上手部的傷痕很快就會好，她便持續用這樣的方式，處理自己的情傷。

了解小雪的自傷行為是透過學習而來，我進一步請小雪回憶過去是否有其他因應情緒的方式，小雪說，她也曾以打拳擊、找朋友聊天、到空地或海邊大叫來抒發情緒。

我希望引導小雪，重新思考用不同的方式處理情傷【註1】。

小雪提到每次跟喜歡的人告白，不是遭受拒絕當不成朋友，就算維持友誼，對方也只將小雪當成是傾聽情感困擾的角色，這兩種結果對小雪來說都非常受傷。

在我的同理心與支持下，小雪才透露自己喜歡的對象是女生。除了有口難言的壓抑之外，有時還得遭受不了解同志之愛的汙辱字眼，甚至有人要求小雪不要靠近她。

面對這樣的回應，小雪內心感到難堪及難過，卻苦無可傾吐的對象。

對小雪來說，周遭的人都認同異性戀，強力否定同性戀，只要她透露一絲訊息，得到的回應都是自己正走向一條錯誤的路。

小雪不知道遇到這種狀況可以找誰傾訴、討論，在壓力累積找不到出口的情形之下，自傷似乎成了唯一宣洩的管道。

學習愛人與被愛最重要

到諮商後期，小雪已經不再閃躲她小心翼翼保護的祕密和她的感情世界。

小雪說：「老師，我確定自己喜歡女生！我有告訴上帝，希望上帝不要怪我，如果上帝覺得我做錯了，希望上帝可以改變我。」

我向小雪說明同志的比例將近十分之一，很多人是因為擔心他人的異樣眼光而沒有說出來，她並不是孤獨的【註2】。

再者，喜歡同性並不是不正常，重要的是如何適切地表達自己的愛，不傷害到自己或他人，而透過情感的互動，學習愛人與被愛。

了解小雪心中的衝突之後，我也進一步向導師說明同志的相關知識，引介金賽的研究報告，讓導師了解同志並非疾病，而是一種感情的選擇【註3】。

除此之外，讓導師了解小雪會以自傷的方式面對感情，並不是因為同志性傾向或是家庭暴力的關係，而是透過學習而來，建議導師能夠持續地讓學生了解情緒因應方式的多樣選擇。

當導師了解原因何在之後，也慢慢地學習不再以異樣的眼光看待小雪，而是將焦點放在引導小雪情緒控制的學習，小雪的情緒困擾自然慢慢地減少了。

輔導心語

在我諮商同志學生的經驗中，每當他們告訴我自己的性傾向時，往往帶著擔心被評價的忐忑心情，我從他們的眼中看到自我懷疑與不知所措。處於青春期的同志學生常會發現說出來之後，所得到的回應往往是：「你還在過渡期，不要這麼快確定自己喜歡的是同性！」

對於異性戀的學生，我們卻不會給予這樣的建議，在這樣的建議裡，依舊有很深的同志污名在運作。然而面對性傾向認同程度不同的案主，諮商師應採取不同的因應策略，提供安全的探索空間，幫助他們更了解與接納自己。

當同志學生出現問題行為時，往往會與性傾向掛勾，彷彿是因為性傾向形塑了問題行為，導致看不到事情的真相。面對同志學生，我們都應該檢視自己心中對同志的觀感，避免在介入處理時二度傷害個案，並且要進一步理解問題的脈絡，避免受到性傾向污名的混淆，才能更貼近個案的真正問題來源，做更恰當的處理與因應。

愛的註腳

【註1】因應問句：協助個案透過過去的成功經驗，串聯到現在問題困境的解決。引導案主能夠從正面的方式去思考因應之道。

【註2】一般化：協助案主知道這些情緒都是正常的，大部分的人都會有的。

【註3】提供訊息：提供科學和研究報告訊息，矯正導師對於同志的不正確訊息。

隨｜心｜筆｜記

文 徐蕾

「扣、扣、扣」，小潔低著頭不停摳弄手指，我坐在她旁邊，明顯感受到她心裡的無奈。

小潔已經是個國中生，看似成熟的臉龐，卻仍有揮不去的稚氣。

她生長在一個平凡的家庭，爸爸是退休公務員，媽媽是家管，上有一個優秀的哥哥。

在小潔心中，一直覺得自己是家裡最不重要的人，也許就是這個原因，從升上國中後，她就不斷地向外發展，尋找可以肯定自我價值的方法，卻總讓自己傷痕累累，不知該如何面對。

我只好這樣做

幾個禮拜前，小潔與交往兩個月的男朋友分手了，這也是她生命中第N個閃電交往後分手的男朋友。

視戀愛為人生第一要務的小潔，卻有個很不好的習慣，每當她失去一段戀情，都會不由自主地拿起小刀刀片往手腕上，劃下一道道傷痛的痕跡，像是在向他人宣示自己傷得有多重。

一開始，小潔身邊的人都會對她的狀況給予關心，提醒她要愛惜自己，希望她能快快走出失戀的低潮。

但是，當相同的自傷劇情，不斷地在小潔生活中重複演出，身邊的人也就開始見怪不怪，像是放羊的孩子般，沒有人想要靠近或相信小潔了。

小潔意識到自己的孤立無援，只好採取更激烈的手段，喚起大家的注意，也就是因為這樣的原因，我來到小潔的身邊，開始了我們諮商輔導的歷程。

懂得投其所好

一開始跟小潔建立關係一點都不困難，她很大方地讓我進入她的生活，了解她與每任男友的愛戀故事，細數她為感情所做的付出與努力。越貼近小潔的世界，越覺得她只是渴望被愛的大孩子，但越追求別人的關愛，別人卻越離越遠。

為了避免諮商沒有目標，每次見面，我都會帶上我的祕密武器「神奇塔羅牌」，讓小潔使用。

小潔對塔羅牌算命很有興趣，她認為塔羅牌正好能指引她在男女關係中的迷惘徬徨。

而我透過塔羅牌幫小潔算命，也不是真的要指點迷津，反而是利用機會引導小潔思考問題背後的意義。

例如小潔有時會問：「前男友會不會回來我身邊？」面對這類問題，我就會請小潔想一想自己可以做些什麼努力，成為更值得被愛的人？讓她有機會去檢視自己的行為所造成的影響，邀請她設定具體可努力的目標。小潔對此的接受度與合作的意願皆顯積極，我也會適時肯定她願意努力的心意。

又有時小潔會問「分手很難過，我該怎麼做才會好一點？」這類的問題，這時我就會透過牌意，引導出情緒控制的議題，與她討論在衝動的情緒下，容易做出哪些讓自己後悔的決定，再強調她擁有面對的勇氣與控制的能力，增進其情緒處理的自我效能。由此亦可連結到小潔手腕上一道道心碎痕跡的故事，予以情緒撫慰與支持，共同約定不再選擇傷害自己，做自己情緒的主人。

在這段與小潔相處的時間，即便又面臨戀情破碎，小潔都沒有再拿刀割傷自己，我看見小潔的改變，具體地回饋給她，讚賞她的進步，更強化她衝動情緒控制的能力。

我的應援團

我與小潔的諮商順利進行，有一次小潔又帶著碎裂的心來見我，她與前男友復合後又因吵架分手了，再度被拋棄的經驗讓她痛苦萬分。

我感受到小潔的苦痛，陪伴著她，試圖將這次的危機事件化為轉機種子。

我請小潔利用小人偶【註1】的擺設，重現當日分手情境，讓自己有機會好好處理分手的情緒。

小潔選了代表自己與前男友的小人偶，擺設在心靈舞台上，自己坐在地上伸出一隻手想要留住對方，前男友卻只是站在遠方背對自己，既直接又深刻地呈現小潔害怕被拋棄的感受。

看見小潔的無助，我認為要幫她找出周遭支持的力量與資源，讓她能更有勇氣面對恐懼。

我請小潔從小人偶中再挑選出三個生命中重要人物來陪伴自己【註2】，分別是「最了解自己的人」、「最有智慧、明事理的人」以及「最能帶給自己力量的人」，讓這些生命中重要人物，與小潔進行角色交換【註3】及對話，從中獲得精神力量的支持。

透過具體的引導，小潔非常投入對話中，到後來開始有種卡卡的感覺，我停下來問問小潔感受到了什麼，她回答：「我知道這些人都很支持我，但我腦中一直有個聲音在罵我。」

原來小潔的心中住著一個愛指責的自己，我也請小潔將愛指責的自己，從小人偶中挑出來，讓這些重要人物與愛指責的自己說說話。

哇！真是不鳴則已，一鳴驚人，小潔將心中許多對自己的怒氣與怨恨都表達出來，但這次她不是孤單一人面對打擊，她有應援團為自己加油打氣、為她歡呼喝采。

結束所有角色的對話後，我請小潔再度回到分手的場景，問問她現在有沒有什麼需要調整的？

小潔擦擦眼淚，輕輕地把手放下來，轉個方向不再乞討對方。

看見小潔的改變，我滿心感動，更讓她心中重要人物與指責的自己一同見證她的勇氣，而這面對的勇氣，其實都來自於小潔自己的內心。

最後的幾次晤談，我與小潔的話題不再只圍繞在愛情故事，開始連結到小潔在家庭的互動關係對自己的影響，也漸漸看到父母重男輕女的價值觀，小潔明白自己有渴望被愛與呵護的需求。

我想，也許小潔不會馬上停止追求愛情，但至少她開始願意做好自己的主人，懂得愛惜自己，不再遊戲、不再自我傷害，對她而言，這是人生新階段的開始，放下來自別人關愛的眼神，認真學習如何愛人與被愛，我相信小潔有一天會得到她的真愛。

輔導心語

對青少年愛情設定一個界限，並不代表對愛情的逃避。面對他們在感情上的煩惱，諮商師應採取的態度是尊重當事人的感受，了解其需求動機以及影響因素，協助其分析行為結果，並放大內在資源以強化當事人的因應能力，而不需對其行為進行評價或批判。最重要的是讓當事人懂得愛自己，不為關係的失去或獲得而改變對自我價值的看法。諮商師提供溫暖一致的接納與陪伴關係，會是青少年面對關係需求與自我認同最安全的堡壘。

愛的註腳

【註1】一種投射性的媒材，能讓當事人投射關係中的位置、距離、權力等狀態。

【註2】選擇當事人生命中重要人物的陪伴與同在，讓當事人能在苦痛之中體驗到被支持、同理的感受。

【註3】一種諮商技巧，讓當事人能夠從他人角度來看待事情，以達到增進了解與擴展知覺之目的。

誰來愛我

文 謝幸蓁

惠惠的愛情故事

這是一名國三女生的「深情」告白，表明了她對愛情的堅持、盲目與無助。

故事的男主角，風趣、幽默又帥氣，周遭不乏愛慕者，女主角惠惠只是他眾多女友之一。

惠惠一開始就知道，被鎂光燈聚焦的他，是不可能注意到她的，她因而安分地在燈光外等待，並偶爾幻想他喜歡上自己……。

「是我想過頭了嗎？」惠惠如此自問。

惠惠感覺到他有意無意地在對她微笑，這是真的，因為沒多久他就向惠惠要即時通、要電話號碼。

惠惠和他的愛情美夢終於成真了，她覺得好開心、好幸福。

不過，他還是那個被鎂光燈聚焦的他，惠惠無法接受他與別人的曖昧關係。不料，他竟理直氣壯地說：「我沒辦法只跟一個女生好，妳不接受，那就算了。」之後，惠惠陷入痛苦的深淵。

惠惠在學校、在網路上，不斷尋找他的蹤跡，看到他與別的女生曖昧的留言或互動，心底更加苦痛。

惠惠說：「雖然，明知道他到處搞曖昧，我很難受，但是只要能跟他在一起就好了，我會當作沒看到。因為失去他，我會活得更痛苦。」

這彷彿是一再重複的愛情小說情節，卻常在我們生活周遭上演。

在諮商初期，我為惠惠對愛情的盲目追求而擔心，為惠惠的無助及說不出口的憤怒而心疼，更為惠惠對愛情的堅持而感動。

惠惠在與我互動的過程中，感受到了我真誠一致的關懷、同理與接納，因此諮商信任關係快速地建立起。

惠惠將她與男友的相處、對男友的用情、及她目前的痛苦一一向我傾吐，在諮商初期，我評估惠惠需要的是情緒的抒解、被支持與接納，此時我是稱職的傾聽與支持者，並且配合她的步調節奏進行會談，這是非常重要的，因為這關係到後續的諮商進展。

小女人的反擊

面對愛情的失落，情緒總是會起起伏伏，惠惠說：「我知道他劈腿，是他的錯，我要讓他落魄，我要讓他低聲下氣地求我原諒，我要他後悔。」

此時的惠惠，從情緒的壓抑，進展至能將憤怒說出口。而被背叛的憤怒，激發惠惠報復對方的力量，她也覺察到之前未曾體驗到的情緒動力。

我陪伴惠惠探索這些力量，也讓她思考報復行為的可行性與可能結果。在這樣情緒反覆轉換與對於現實層面的逐漸覺察，惠惠體會到改變自己，讓自己過得更好，才是給自己最好的禮物。

不過，付出的情感要如此不堪的收回，仍令她受困於情緒的泥沼。

惠惠坦承：「我還是好想他，只要他回來，我想我會把這些都忘了。」

惠惠此時進入感情愛恨交織的階段，當事者通常會因難以承受如此的苦痛而認為自己是全天下最悲慘的人。

我試著讓惠惠了解，在有能力去愛且深愛過對方、付出過真情的人，在遭逢情變時，都會有如此的情緒感受【註1】。

我也引導惠惠，讓她對事件中的情緒與作為，有不同的觀點。運用外化的諮商技巧【註2】，協助惠惠不單單從某一個角度看待這個感情事件，從而讓她有解決困擾的行動能力。

我肯定惠惠對情感的付出，與晤談期間為自己所做的努力，這時的惠惠分享了她改變心態後的經驗。

惠惠說：「我已經兩天沒有上他的（網）版了，沒有看到，好像就比較不難過，好奇怪喔！」

蛻變

我評估惠惠情感困擾的原因在於對自我的否定、不安全的依附、壓抑式的情緒表達方式，加上初次在親密關係中受挫，尚未學習到合適的處理方式而導致她情緒的不穩定。我將這樣的評估回應給他：「妳對他無法忘懷，有沒有可能，是妳不相信自己而想找個人依靠有關【註3】？」

透過各個情境的角色扮演及討論，由惠惠扮演不同角色，並將體驗不同角色後的心得，加以分享並說明，以提升她在整個愛情事件中的覺察力，並鬆動原有的愛情價值觀，增加她的行動力。

當惠惠嘗試扮演此事件的相關角色後，開始主動詢問諮商師有無解決困擾的方法，此時的惠惠，已做好心理準備，她即將快刀斬亂麻。

惠惠的情緒雖然仍多少有些起伏，但起伏頻率，已隨著自信的呈現而遞減中。

惠惠最後終於走出這個情傷陰影，她說：「經歷過這一段，我才發現，我其實就是那個小咖，我只是在找讓我覺得會有面子的人來愛……」

我相信，惠惠對於自己愛的追尋內涵已有了深層的覺察，而這顆愛自己的種籽將發芽、茁壯，開出屬於她的美麗花朵。

輔導心語

當我的朋友在情感中受困，尤其是另一方的「錯」時，身為友人的我多是為朋友焦急與不解，然而在接觸類似狀況的個案時，在諮商人員的立場下，我選擇不讓情緒淹沒我，而用陪伴、同理與接納的態度，這三要素是在過程中未曾改變過的。惠惠敞開心胸，和我交談，讓我更確信陪伴、同理心與接納的三態度要素，是在面對遭逢失落事件的當事人最基本的態度。

愛的註腳

【註1】贊同及一般化技術：讓學生知道感覺是正常的或可預期的，並降低其恐懼。

【註2】外化及重新框架技術：幫助學生將自己與問題分開，並發展看待事物的多元眼光。

【註3】解釋技巧：讓看起來獨立的陳述或事件之間有關，藉此點出案主真正的想法，以提升自我覺察、強化感覺與促進自我的控制。

隨｜心｜筆｜記

不敢說出的愛

文 蘇薇如

一陣風吹來，我的心突然之間覺得有點冷。很多往事不斷地浮現出來，我知道這條路很漫長，這個身份對我而言太沉重，我覺得未來的路比我想像中的難走好多。

——雨楓

門緩緩打開，映入眼簾的是羞澀的眼神，他的眼裡是無比的惶恐和擔心。

我露出了微笑，主動打了聲招呼：「你是雨楓嗎？請進來，我就是這堂課要跟你見面的老師。」

雨楓說他想談感情問題，他提到了他和對方告白，卻被拒絕的低盪心情。

我告訴雨楓，我相當能了解向對方告白卻被拒絕的心情。我讓他將心裡的感受講出來，希望藉由畫圖的方式，和雨楓討論可以面對的方法。

雨楓告白的對象是同班同學，每天都會見到面，難過的心情沒辦法很快就平復。

就在會談了兩三次之後，雨楓突然緩緩地道出了這段感情令自己最不能接受的部分，是自己終於鼓起萬分的勇氣，向同性的暗戀對象告白，可是卻被拒絕了。

除了被拒絕的心痛之外，雨楓也擔心告白的對象，會告訴別人自己的性傾向，也很懊悔自己為什麼要那麼衝動的告白，會不會和對方連朋友都做不成……最重要的是，他無法確定自己到底是不是同志，這些矛盾衝突，都讓自己掉落情緒的無底黑洞。

我告訴他：「每個人都有喜歡人的權利，不管是選擇同性或異性，能喜歡一個人是一件很美好的事。只不過選擇同性戀情，要面對的挑戰比其他人還要多；但是只要是愛情，就一定會有酸甜苦辣。」

「可是老師，我不能接受我是同志這件事。我想我喜歡男生，我可以接受我喜歡男生，可是我卻不喜歡當同志。」雨楓痛苦地說。

「怎麼說？」

「我在網路上認識了很多同志朋友，多少了解同志圈；這個圈太過混亂，我不能接受和容許自己在這個圈子裡面。我如果接受了自己是同志，那似乎也就代表了我是個感情生活很混亂的人，不是嗎？」

我回應他：「嗯，你說同志圈裡面的人感情觀很混亂，這點是你不能接受的。」

雨楓點點頭：「是啊。我不希望成為會腳踏兩條船的人；我也不希望成為常常在換對象的人。我喜歡那個同學已經兩年多了，雖然被他拒絕，可是我還是喜歡他。但網路上說的同志感情生活，我真的不能接受，我也不能確定自己是不是同性戀還是雙性戀？我小學時也有喜歡女生，可是到了國中卻喜歡上男生，我想我媽一定不能接受的……。」

我誠懇地告訴雨楓：「我能了解你現在感受到的混亂……每個人的人生發展階段，在某些時候是會對同性比較有好感的，有些人會感受到自己對同性這方面的好感，有些人則感受不到，就這樣懵懵懂懂地長大了。

「不過性傾向這件事，不像數學1+1=2這麼好解決，它需要長時間的觀察和探索，才會有答案。我覺得很棒的是，你願意告訴我，你面對這種矛盾的狀況，以及你的感受【註1】……」

雨楓與我的相遇在他國三上學期，當他國三畢業的時候，對於自己的性傾向仍然沒有一個十分肯定的答案，不過，我知道他的愛情故事，到目前為止對象都是同性。

決定自己的性傾向是一件大工程，裡面包含了許多的掙扎與無奈，也包含了需要承受身旁許多不能認同的眼光，這是我不能夠幫他決定的。

但我知道我能做的就是陪伴。藉由陪伴的過程中，帶他去探索他的信念與同志圈價值觀之間的衝突，探索在喜歡同性的過程中會遇到的許多狀況，包括同學之間的人際關係或是親子關係，都需要花很多的力氣去面對。

雨楓來自小康的家庭，父母親非常關心孩子，除了課業外，也很喜歡跟孩子分享一些人生道理及價值觀。雨楓深刻地體會到父母對於同志的排斥，更無法開口與父母討論自己在性傾向上的不確定。

雨楓對父母親的善良體貼，也讓自己在這條路上更困難重重。

在會談結束時，雨楓選擇繼續觀察自己，決定真的確定自己的性傾向後，再開口與父母討論。

國中畢業後，有一次雨楓特別回到學校來找我，跟我說最近的自己在一些生物主題的相關書籍上，讀到杏仁核與情緒的關聯。

雨楓語重心長地說道：「老師，如果能把杏仁核切掉，所有的恐懼、憂愁、哀傷、落寞、快樂都將不存在了，從此人生不會再有任何的情緒，也許就不會覺得累了吧？」

我看著窗外的藍天說道：「是啊，我知道你被你的情緒所苦，但從另一角度想，如果是這樣，那人生就再也沒有刻骨銘心的感動了。恐懼、憂愁、哀傷、煩惱都是生命中會發生的事，就因為我們痛苦地流過淚，備嘗心酸地走過人生道路，在回憶這些情緒的時候，生命才會變得特別的豐富。」

我拍拍雨楓的肩膀，希望他不要這麼悲觀，人生的道路上還是要勇敢走下去，這些階段是不能跳過去的，唯有走一步算一步，生命才會更加精彩。

輔導心語

每個人都有不同的愛情故事，故事的背後一定有著想被聽到的聲音及想傳達的意義，去尊重每一個人的選擇，陪伴學生一同尋找新的可能性。

愛的註腳

【註1】同理個案的感受，強化個案的正面特質。

隨｜心｜筆｜記

13 愛上女生秀髮的小毛

文 羅訓哲

小毛，十歲，一個迷上恐龍卡和女生秀髮的小男生。

他痛恨營養午餐，但為了恐龍卡，可以把自己的委屈和著青菜蘿蔔一起吞下去。

他覺得擦屁股很髒，但為了恐龍卡，總是憋著不上廁所的他，可以強迫自己每天如廁。

不過，要比較小毛在恐龍卡和觸摸女生秀髮上所付出的代價，我想觸摸女生輕柔秀髮，絕對是他生命中所不可承受之重……。

與同年齡的孩子相比，小毛的身材算是瘦小，總是被老師安排獨自坐在教室座位的第一排，恰巧就在講桌的正前方。

倒不是因為小毛特別好學，而是因為老師被同學和家長的投訴搞得七葷八素，不得不採行的「特別處理」。

小毛喜歡專注在自己的世界裡，很在乎自己想要的一切有沒有獲得滿足，有時甚至會讓不知情的人，覺得他實在很難相處。

他不喜歡與人有眼神上的接觸，也不喜歡回答不想回答的問題，更不喜歡生活中已經安排好的事情被改變。

最好的例子就是我第一次到學校找他，他說什麼也不肯離開教室，在自然教室不停地跑，嘴上喃喃自語咒罵，雙手還不停地在胸前揮舞。

那時我感受到他因生活作息被破壞而產生的憤怒，也感受到他面對陌生情境的焦慮。

我苦苦無法走近他半步，向他表達我的感受，就在那僵持不下的尷尬時刻，我想到過去的訓練曾提到：「同理心不該只有在諮商室裡用語言表達，面對孩子，尤其是越不安的孩子，越需要切身的體會，才能幫他們放下心裡的重擔。」

我心想，「既然你不肯走出教室，那就由我主動走進教室吧【註1】！」

於是，我進入教室跟所有的孩子們玩在一起，我相信當所有的孩子都信任我時，小毛也會很自然地與我靠近。

很快地，我就與小毛建立起良好的關係。

第二次見面，他已能很自在地跟我到遊戲室。

過沒多久，他變得很期待我們每個禮拜見面的時間，甚至會要求我多去幾次。

剛開始小毛的遊戲內容多半與電影情節有關，不外乎「變形金剛」和「恐龍」間的戰鬥。

隨著關係的進展，他的遊戲內容，慢慢從電影裡的東西回到了真實世界。

在現實生活裡，為小毛帶來最多麻煩，莫過於他對女生秀髮的喜愛。

小毛喜歡女生柔軟的長髮，也喜歡女生燙捲後ＱＱ的觸感。小毛總會控制不住雙手去碰觸女生的頭髮，大家可以想像，小女生被男生摸頭髮後的反應，不外乎是「大聲尖叫」，以及氣急敗壞地說：「我一定要跟老師報告。」

小毛有時也會不甘示弱反擊，這時「輕輕摸頭髮」就會變成「重重拉頭髮」。

因此小毛很快就被女生們列為拒絕往來的色狼，也成為同學間茶餘飯後的笑柄。

小毛的媽媽認為他會這樣做，主要是因為腦部發展的障礙。

導師則沉重地向我表達，她對小毛經常性騷擾班上女同學的不滿，以及她想要糾正小毛行為的堅持。

可以確定的是，小毛喜歡摸女生頭髮的喜好，在他生活中是被強烈禁止的，甚至被大家認為是病態的，從此在他的心中，根深柢固地形成自己是一個問題兒童的想法。

在遊戲治療中，他曾在扮家家酒遊戲裡，演出同學們向老師抗議，要求座位與他保持距離；也曾演出同學家長以轉學向學校施壓的訴求。

我雖然不確定小毛從何得知這些資訊，但他似乎將所有的紛擾，統統攬到自己身上。

我觀察到小毛每次碰觸遊戲室裡娃娃的頭髮時，都會抬起頭來確定我是否接納。

我雖不知道他這樣的興趣是怎麼產生，但我確定他有觸摸柔軟物品的需求，強烈的禁止和懲罰，加深了他對自身狀況的恐懼。

他很重要的一個難關，就是學習延宕，或者在合理的情況下滿足自己的需求，很可惜，就是沒有人想到可以怎麼幫助小毛。

遊戲治療室是一個諮商師與兒童一起創造出來的安全空間，當小毛享受著撫摸娃娃頭髮的美好感受時，不用在意同儕的嘲笑、不用擔心老師生氣的臉孔以及爸爸對他的失望與憤怒。在遊戲室裡，他可以做自己，學習接納自己不完美的部分【註2】。

兒童天生就會遊戲，就像魚會游，鳥會飛。在遊戲中他們發揮創意，實驗解決問題的方式，同時也為他們面對的困境，理出一個頭緒。當然這個道理對小毛也適用。

有一次，我們用顛覆的角度，詮釋別人眼中的病態行為，讓這件事在安全的氣氛中，變得理直氣壯且天經地義。

愛摸女生頭髮的他，經過數十年的努力，搖身一變成為一位超級髮型設計師，有數不完的女生，拜託他摸一下她們的頭髮，設計完美的髮型。

這是小毛第一次用自己的行為不「變態」或「腦袋有

問題」的角度，看待事情。剛開始他有點懷疑，不過，他卻越來越融入遊戲的詮釋當中【註3】。

又一次，他在遊戲中扮演學校的校長，這次編班的權力來到他的手裡，他很努力地讓彼此間有衝突的同學分在不同班，盡他所能滿足大家的需要。

他也沒有虧待自己，幫自己創造了一個一樣都熱愛恐龍卡的男生班，一個接納自己的環境。

小毛愛秀髮的行為到目前為止，不曾在遊戲室裡消失。

但是，隨著心理需求的滿足，這類遊戲的重要性逐漸降低，出現的次數和頻率也逐漸減少。

我不確定何時他才能從這樣的行為中「復原」，或者他根本就不曾病過，他只是還在成長的路途上學習。

可以肯定的是，現在的他，學到了新的方法照顧自己，相信這樣的學習，會在他成長的路途上成為他的保護因子，一路護送他平安前進。

我相信迷戀女生秀髮的小毛，將成為他人生階段的一個身影而已。

輔導心語

從文章中，我不曉得各位是否已經猜出小毛是一個有亞斯伯格症的孩子。

我之所以不在一開始就說明，是因為診斷是一把雙面刃，很容易成為「成人面對孩子行為」和「孩子面對自己行為」的「權杖」與「刑杖」。

有些成人為了保護孩子，會將診斷視為孩子無法學習的權杖，久而久之，孩子也從成人那邊吸收了這些觀念，反倒使自己的狀況更加惡化。相反地，有時診斷會成為成年人面對孩子問題行為的「刑杖」，孩子就像是背負了診斷的原罪，不但容易被貼標籤，連帶也影響他對自己的看法，這實在是身為教育工作者要非常小心謹慎的地方。

愛的註腳

【註1】要與兒童建立關懷、信任的關係並不僅限於教室或諮商室中，放下自己角色的束縛，進入兒童習慣的場域與他們一同遊戲，有時更能事半功倍。

【註2】遊戲治療致力於創造一個溫暖接納的氛圍，讓兒童在其中能將想法與感受的充分表達。

【註3】重新框架：相對於標籤化兒童的問題行為，倒不如以不同的角度看待問題行為，找尋行為背後蘊含的力量。跳出原有的框架，學習欣賞學生。

追愛小如

文 陳淑華

小如自幼父母離異，由奶奶撫養長大，隔代觀念差異過大，溝通不良，小如從國一就開始蹺家逃學。

小如面對奶奶嚴厲打罵，內心十分憎惡這個不屬於自己的家，使得蹺家、逃學的時間逐漸拉長，竟成為生活的常態。

正當奶奶及原來的學校，都對小如束手無策時，發生了影響小如一輩子的憾事，小如被認識不到一個月的男網友性侵害，在她心底留下無法抹滅的巨大傷痕。

這時，媽媽才驚覺女兒的人生嚴重變調，她決定不顧奶奶反對，堅持接小如同住。這是小如期待已久的決定，她終於可以離開奶奶的家，回到母親身邊。

但是因搬家而轉換學校的小如，外表的時髦打扮、談吐世故，引起同學的側目及耳語，她一轉學，就與班上同學格格不入。

擔心小如的導師無法可想，只好求助輔導室，開啟了我與小如的諮商歷程。

我與小如的晤談初期，環繞著那個不幸的性侵事件，協助小如宣洩複雜的情緒，重建她對人性的不信任感，尤其是修正她的錯誤觀念，她一直認為被性侵害後，就無法找到真愛【註1】。

慢慢地，小如適應重回校園的日子，諮商師對於小如重回校園的勇氣及成長，給予高度肯定。

國中二年級下學期時小如戀愛了，從此，愛情成了她的生活重心。

小如喜歡上班上同學，熱戀中的孩子，一副喜孜孜的模樣，在同學前面，毫不避諱地摟摟抱抱，令導師看了直嘆氣及搖頭，更為小小年紀的情侶，是否真的懂愛情而擔心不已。

不過，青少年的愛戀，來得快，去得也快。

某天午休時間，小如與男友在走廊拉扯、爭吵，諮商師及另一位男老師立即介入處理，為避免男友失控，諮商師將小如帶回個別諮商室，但失控男友不停在諮商室外大聲咆哮，小如驚嚇得掩面啜泣。後來母親到校，將她帶回家休息。

隔天，諮商師晤談後，發現小如雖已回到母親身邊，但她的內心仍是渴望別人的關愛【註2】。

母親雖與小如生活，重心多是放在自己男友的身上，令小如內心極感空虛，因而男友一個換過一個，希望身邊有人真正關心自己。

為了擺脫母親對晚歸的限制，小如的蹺家、逃學行徑又故態復萌，母親除了到警局以失蹤人口備案外，更積極聯繫小如打工的店家，以及較為要好的同學，諮商師也曾多次到小如打工處協尋，但均無所獲。

終於在三上開學一週時，警方在網咖尋獲小如。

原來離家的一個多月，小如與外縣市新男友同居。在母親以提告的威脅下，小如同意返家，但母女關係仍舊緊張糾葛。

返校後的小如，對蹺家時的生活情形極不願提起，同學也不再多問。

此時隔壁班的轉學生，對小如展開熱烈追求，讓她又陷入感情的泥淖，重演徹夜不歸的戲碼，上學情形又變得極不穩定。

在家訪過程中，諮商師以小如急著想找到真愛，填補心中長期失去親情、母愛的渴望為出發點，與小如建立諮商目標：小如想要的真愛是什麼？男友們都符合真愛的模式嗎？自己在戀愛中得到什麼？結果是自己與男友要的嗎【註3】？何以一開始愛得驚天動地，但最後都會以衝突收場？

在那次的晤談中，小如淚如雨下，從小缺乏關愛，身體遭到侵犯，真的很想有個可以放心依靠的人來保護她。

母親聽到小如的談話後泣不成聲，原來，小如又步上母親當年的坎坷路，然而母親看在眼裡，只能急在心裡，不知該如何對女兒啟齒。

事實上，小如一直拚命追求的真愛，其實遠在天邊，

追｜愛｜小｜如

近在眼前，那就是母親的關懷，因為母愛是什麼也無法取代的。

解開這段塵封已久的家庭祕密後，小如生活作息逐漸穩定，即使新交了男友，也會注意返家的時間，不再讓母親擔憂，到校情形也逐漸穩定。

小如因缺曠課節數過多而無法領取國中畢業證書，但是畢業典禮那天，小如語重心長地告訴我：「我的國中生涯要花四年才完成，我很開心在後面兩年能有妳的陪伴，謝謝！」

諮商原本就是陪孩子走一段路，走過青春歲月，相信小如的未來一定更加開闊與豐富。

我想追愛小如，有天會如願得到她一生渴求的真愛。我心裡雙手合十，為她向上天誠心禱告。

輔導心語

每一個轉學生背後都有屬於自己的故事，有些單純是搬家，有些則是一頁頁不堪回首的過去。轉換環境，意味著一切重頭開始。如果能營造友善氛圍，讓孩子有重新來過的機會，可能會徹底改變一個孩子的一生。在諮商工作中，我深刻地體會到能再給予一個機會，是何等重要，多數孩子的人生因而更加光明燦爛，他們要的不多，只要別在他們身上貼上難堪的刻板印象。

我始終相信，天下多數的父母在乎孩子的一切。與其感嘆家庭功能不彰，何不積極協助，畢竟孩子是一個完整的個體，無法切割白天屬於學校，晚上則歸家庭。

唯有親師攜手合作，才能陪伴孩子穩定、健全地成長，並發揮諮商師幫助、陪伴的功能，願天下的孩子均能平安、健康地茁壯，將來成為國家、社會的中流砥柱。

愛的註腳

【註1】運用認知治療進行諮商，引導案主思考自身非理性想法所帶來之感受及結果，並在諮商中期、諮商關係建立穩固後，以面質技術指出案主矛盾、扭曲、逃避、衝突或不一致之處，以增進案主的覺察。

【註2】運用反映技術，針對案主談話的內容、意義與情緒，如鏡子一般地反映給她。

【註3】在認知治療的架構下，輔以現實治療法之「WDEP」技術，找出案主的需求（want）、目前的行為與方向（direction）、評估需求與行為間是否一致（evaluation），以及是否需重新擬定目標、計畫（plan）。

隨｜心｜筆｜記

15 渴望愛情的少女

文 蔡佩孺

還沒見到品婷前，從輔導老師那裡，我聽到了許多關於品婷的事。

國一剛入學沒多久的品婷，便被當時交往的同校男友性侵【註1】，雖然通報了相關單位，但司法案件進入處理程序的時間通常是冗長的。

品婷的媽媽擔心她在學校會再遇到加害人，可能受到二度傷害，與學校談起轉學的想法。

這是家長擔心孩子受傷而想到的保護方式，卻讓品婷從一開始期待諮商老師能來跟她談談、幫助她，變成覺得自己好像是做錯事、接受懲罰的一方，開始對學校不信任了。

品婷不但不願再與學校輔導老師晤談，甚至躲在學校某處不讓老師找到，她也開始與母親或班上同學發生衝突。學校找上學諮中心，希望諮商師可以協助品婷。

第一次見面時，品婷並不多話，總是一問一答，目光與我沒有接觸，讓我覺得她對於這個會面似乎既不熱情，也毫不期待。

我解釋我的身分，試圖將發生在她身上的事情，以柔性的語言說明。

「我聽說媽媽好擔心妳會再受到傷害，會不想看到他，所以想說是不是讓妳轉學保護妳。」我緩慢而富情感地邊說邊看著品婷。

她的眼睛開始泛紅，幾乎就要落下的眼淚告訴我，我已經開啟我們對話的可能。

之後的晤談時間，品婷從一開始需要輔導老師提醒或找人，變成提早到輔導室等我，顯示她對晤談的期待。

品婷慢慢在晤談中，展現她原本活潑外向的可愛個性。一開始她拒絕談媽媽及家裡的事，後來則主動談起與媽媽的相處，甚至跟我分享與媽媽的合照。對於品婷的家庭與成長過程，我於是有了較為完整的了解。

品婷的爸媽在她很小的時候就離婚，品婷是家裡唯一的女孩子，也是最小的孩子，但卻不是被照顧、寵愛的那個老么，反而要擔負起「照顧」哥哥的責任。品婷的媽媽需要工作養家，常常不在家，品婷每天回家要幫哥哥張羅晚餐、幫忙打掃家裡。

最讓品婷感到氣憤的，是哥哥對於她遭受性侵非但沒有安慰，反而指責品婷；而哥哥的影響不僅於此，由於哥哥在國中時期的偏差行為，讓品婷一入學就已經讓校內學生特別注意，這也注定她會有一群與眾不同的朋友。

幸好品婷並非是個盲目跟隨朋友起舞的人，即使朋友會吸煙會蹺課，她從來不參與，也常勸朋友不要做。

「我不想讓朋友知道我難過，她們也會變成很不開心，這樣氣氛就變得很差。」

品婷總是藏起自己的傷心，不讓別人看到，深怕會影響到周圍的人。品婷很反對學校與媽媽連絡，不想讓媽媽擔心，或影響到媽媽的工作。但是負面情緒沒有辦法抒解的結果就是品婷容易煩躁、與人起爭執。

「他是我第三個男朋友吧，剛開始也沒有想說在一起。他不是那種好孩子，可是我說話，他都會聽，他的朋友說我管得住他，我們很適合，後來他跟我說喜歡我要跟我交往，我就答應他了。」

在第三次晤談時，品婷主動談起性侵她的這個男友。男友對於品婷而言，其實是個很重要的情緒出口，也可以讓她感受到被需要、被重視與陪伴的感覺。

而這是在家裡大部分時間品婷所得不到的，只要男生可以常常陪著品婷、聽她說話、包容她的感受，她大概都不會拒絕對方成為自己的男友。也因為這樣，所以品婷很容易就進入一段親密關係，相當信任、依賴對方。

對品婷而言，第三個男友給她的傷害與其說是性上面的，不如說是心理上被背叛的感覺。

我整理對品婷的了解，認為如果沒有讓品婷滿足對重要他人關愛的需求，她不斷交男友的情形就會持續不變，而這只會讓她更容易陷入危機情境。

我開始將談話的重點，轉為她與家人及朋友的互動方式，還有她對於兩性交往的觀念與自我保護。

從導師開始，讓品婷與學校老師建立關係，在學校感覺心情難過時，品婷會去找導師，導師也溫暖地接納她。品婷也談起之前與輔導老師的衝突及自己的釋懷，我知道我與品婷的關係，應該可以在一個完滿的情況下結束【註2】。

有一天品婷告訴我，她在最喜歡的國文課寫了一篇作文，主題是身邊重要的人，原先我以為她寫的是母親，沒想到主角卻是我，她說很喜歡我總是很專注地聽她說話，帶她以不同的角度看事情。

我也感謝品婷願意跟我分享她的故事，以及她帶給我的學習。

在我們的最後一次晤談，我送給她三張自我照顧卡【註3】，讓她知道自己是個多麼棒的女孩，提供她能量，結束了對我們而言都很重要的一段時光。

輔導心語

很多學生的外顯行為常會讓我們忽略其內在的需求，而將焦點放置於行為上，反倒使得情形越來越嚴重。有時候好好整理學生的所處環境及行為脈絡，傾聽學生的話語、貼近學生的感受，而非用指責性的言語，往往會有不同的效果。

愛的註腳

【註1】未成年男女發生性關係，不管是否為情侶或兩情相悅，仍有觸犯法律的問題存在。

【註2】諮商關係有開始就有結束，諮商師需要協助學生回歸原本的系統，使其與周圍的人、事、物建立良好的互動關係，並由學校與家庭持續提供後續的關注。

【註3】自我照顧卡約五十餘張，內容為提醒照顧自己及導引心靈的小語，像是「澄清－清除雜亂的思緒，當你的心中有疑惑時，把它拋出來」。可以視學生的狀況，送給學生適合的卡片，即使結束晤談也可以提供學生能量。

隨｜心｜筆｜記

16 剪掉長髮的抉擇

文 王 琍玲

只有知道自己「為何」，才能夠承受住「如何」生存的問題

——尼采

阿翔父母都是保守的公務員，家裡有三個姐姐，他是唯一的兒子，備受家中長輩疼愛。但是讓家人與學校老師感到困擾的是阿翔與眾不同的裝扮，一個男孩總以濃妝豔抹的女性化裝扮【註1】出現在校園。即使同學嚴重的歧視與排擠，學校記了大大小小的警告，仍然沒有人能讓他以男性裝扮來上學，更別說要他剪掉那頭長髮。

與阿翔的第一次碰面，我看見他纖細背影下的那頭長髮，正面是個擦了睫毛膏的俏麗臉龐，這男孩確實像極了女孩，也散發出柔媚氣質。

我看阿翔有些緊張，但他很健談也愛笑，一下子緩和了兩人初次碰面的尷尬，他侃侃而談喜歡的音樂、偶像劇及他的白日夢。

碰面後的幾次，我們時常聊這些看似無關緊要的話題，乍聽之下這些話題，與他的困擾並沒有直接接觸，但卻讓我開始進入他的生活，也從中聽出了他的渴望。

從愛看的偶像劇與白日夢裡，阿翔談著自己夢想有個高大英俊的男友來學校接他，並且欣賞他的美貌，從話語中聽到這孩子極度渴望被疼愛與欣賞。他最愛哼唱外國歌手碧昂思（Beyonce）的Listen：

聽，我深處的聲音
這聲音現在才開始向外釋放
該是我的夢被人聽見的時候了
這些夢想不該再被推到一旁
不該被變成你的
只因為你不肯聽

你不知道我的感受
我不只是你塑造成的那樣
我原本跟著你賜予我的聲音
但現在我要找到我自己的聲音
你早應該傾聽的

阿翔說，這是最能代表他的歌。在諮商室裡他與我分享生活中最愛的歌，從歌詞裡直接感受到這孩子用盡全力看似對抗，其實要爭取的，不過就是別人對他跨性別角色的「了解與尊重」。

為了爭取自己想要的「了解與被愛」，阿翔做了許多的努力。

在被同儕公眾的包圍與嘲笑後，他選擇忍住生氣與憤怒，告訴自己以後要證明給大家看。

在被記下許多服儀不合格的警告後，他帶著無法畢業的恐懼，繼續堅持做自己，等待著有一天會被了解。

在許多失眠的夜晚，努力想著如何能改變生活裡的慘境和不如意。

其實，這孩子很努力也很有力量，只是他處在複雜環境中孤軍奮戰，迷失可以使力的方向，偶像劇裡呈現的夢幻價值，更使他認為自己一定得要身為女孩，才有機會被愛與被照顧。

這樣的信念，使得他更堅持自己的努力，雖然他始終也不明白，為什麼這麼努力卻換來這些不好的結果。

在諮商的過程裡，我讓喜歡美的阿翔，用蠟筆和粉彩筆在紙上畫畫。

我說：「選一個你現在最想用的顏色，或者你覺得哪個顏色好像在呼喚你拿起它？」

阿翔選了咖啡色，然後畫了一張自己的臉。

畫畫的時候，阿翔總會擔心畫得不夠好看，我總回應他正在畫的線條與圖像，偶爾看著他畫畫的神情，把它說出來。這讓我與阿翔很快地跨越畫得好或不好的擔心，投入到畫中世界。

阿翔隨著一筆一畫，畫出更多原本模糊成一團的複雜世界。

空白畫紙，成了一個能夠說話與接納的開放空間【註2】，使得他有機會能夠重新認識自己，也讓他把心裡頭積壓許久的忍耐、憤怒，傷心與傷害，都能夠釋放。

後來的諮商，常常在阿翔說到某個堅持的選擇時，我就拿出空白畫紙，讓他寫下或畫出他選擇這樣的行動中，想要的是什麼，然後也寫下這樣的選擇，會為他帶來的得與失。

在這個過程裡，我與他站在同一個高度，陪著他思考、討論，猜猜他渴望的心情，說說他也許隱藏在內心的想法，也把他同意的部分寫在畫紙上。

一次又一次，我在晤談裡，讓阿翔了解到他絕對有「選擇的自由」【註3】，選擇怎麼運用他的力量，選擇怎麼讓別人了解，選擇自己想要成為什麼樣的人。我支持、鼓勵、陪伴，但不幫他做決定，這樣他才能真正相信自己真的可以做出最好的選擇。

學期末，阿翔做了全新選擇，他選擇剪掉留了多年的長髮、穿上潮T與球鞋。

他想開始嘗試是否能吸引不同人的欣賞，不再堅持只有一種價值與信念——「唯有留長髮的女孩，才能獲得愛」。

這次，他不是因任何人的要求與壓迫而改變，他只是依著自己的渴望，做了一個自我突破的嘗試行動，而這行動不再是為了對抗或證明，而是為他自己而生。

輔導心語

在多元文化的社會裡，已經有越來越多同志／雙性戀／跨性別者真實地呈現自己的面貌與聲音。在此同時，他們也面對來自社會或校園裡的不理解與歧視。我們常希望「假如這個孩子不要這樣打扮，正常一點，就不會有這些紛爭困擾與問題了」，這樣的看法其實帶有文化的壓迫性，容易讓我們進入與其對抗的位置而不自覺。陪伴學生並傾聽其心聲，接納其情緒，與其討論更多的可能性，讓學生為自己做選擇，並為自己的選擇負責，才是最好之道。

愛的註腳

【註1】跨性別者（Transgender）：男性以女性化裝扮出現，一般來說是指在心理上認同另一個性別即可稱為跨性別者。廣義的跨性別者包含所有的變裝者和變性者。

【註2】透過空白畫紙與具宣洩性的蠟筆，讓案主隨心所欲地畫，透過案主對自己畫的詮釋，諮商師可更深入了解案主投射在畫裡的內心世界。

【註3】選擇的自由：存在治療相信人有能力經由自己的抉擇重新設計自己的生活，重視個人自由的掙扎問題等。諮商師引導學生覺察個人的責任、選擇決定、行動的承諾。

單元3 家庭篇

每個人都渴望一個美好溫暖的家
沒想到有一天
家忽然天崩地裂了
你可能過度傷心
心裡有個受傷的小小孩
成為拒絕上學的薛西佛斯
在牆上塗滿你的悲傷
或在手臂上畫下你憤怒的傷痕

但是只要對生命有愛
讓我們用愛你的每一雙手
再度建造愛的家園
這裡，有長滿綠蔭的大樹
我們可以像自由的飛鳥翱翔
不再孤單
用愛的擁抱
照亮那些成為過往的黑暗
命運會因為愛而轉彎
家，就在你心靈深處
溫暖地等候你的
歸來

純純心中的綠蔭大樹

文 陳 姚如

純純才國小三年級，卻已經就讀五所學校了。

純純這學期又轉到新的班級，就像以前轉學的經驗一樣，剛開始時都沒有認識的人，有的同學看起來笑咪咪，看起來很好親近，有的同學則是兇巴巴，嚇得純純不敢靠近他們。

上課的時候，純純總是兩眼無神，手撐下巴，腦筋一片空白，不知不覺，搖來晃去就睡著了。有些老師會把純純叫醒，要她專心聽課，有些老師直說她上課不認真。

下課時，純純知道一定會被導師留下來補寫功課，因為昨天晚上她又忘記寫作業了。

純純的國語和數學成績只有20分，導師明白，就算她想寫功課，也不知道從何寫起。而導師如果沒有留純純補寫作業，她也不知道要去哪裡玩。

純純就坐在位子上，呆望著窗外那棵正掉著火紅葉子的大葉欖仁……

事實上，純純跟很多小孩一樣，原本有個幸福美滿的家庭，可是這樣的好日子，只過了五年。

自從純純上學後，媽媽和爸爸老是有吵不完的架，摔不完的東西。後來媽媽決定帶著純純，搬離和爸爸住在一起的房子。

剛開始是租房子住，沒多久，房東不喜歡媽媽帶很多人到家裡打牌、喝酒，強行請媽媽和純純搬走。

她們搬去外婆家住一陣子，後來又在舅舅家住幾個月，就這樣搬來搬去，這次是搬到媽媽的一個朋友小惠阿姨家。

由於媽媽晚上要上班，擔心純純放學後沒有人照顧，就請小惠阿姨幫忙照料。純純常想等媽媽回來一起睡覺，但等著等著就睡著了。純純不喜歡媽媽晚上上班，媽媽告訴純純要賺錢，這是無可奈何的事。

小惠阿姨有個讀一年級的小孩叫欣欣，純純和欣欣有時是好玩伴，會一起玩扮家家酒、芭比娃娃、跳彈簧床。卻也經常吵架、搶玩具、搶電視遙控器。純純覺得小惠阿姨很偏心，對欣欣比較好，比較疼欣欣。

每次吵架和搶東西，欣欣都說純純是姐姐，要姐姐讓妹妹，純純不敢告訴媽媽這些吵架的事，怕媽媽會生氣，怕自己又要搬家了。

純純好羨慕欣欣，欣欣的爸爸會買新玩具給欣欣，還會帶全家一起去夢時代坐摩天輪和旋轉木馬。

導師眼見純純上學時常遲到，老穿同一套髒衣服，上課無精打采，不和同學互動，家庭功能欠佳的情形，很想要幫助純純。於是學校和學諮中心安排她和諮商師如如晤談。第一次見面時，純純看起來很害羞，靜靜地不發一語。

如如諮商師邀請純純到遊戲室玩，介紹遊戲室的玩具，對著純純說：「妳可以用很多種方式來玩這裡的玩具。」

純純看了一遍遊戲室裡面的玩具後，把目光停留在娃娃屋上，又把目光移動到圖畫紙和畫筆上，如如諮商師對著她說：「妳現在在看圖畫紙和蠟筆。」

純純點點頭，走到表達性藝術媒材區，拿起蠟筆在圖畫紙右下方的小角落，畫了一棵褐色的樹和一個灰色的小女孩。

如如諮商師對著純純說：「妳畫了一棵沒有樹葉的枯樹和一個心情好像不太好的女生。」

「嗯。」純純小聲地說，又繼續去玩其他的玩具……。

幾天後，如如諮商師問了導師一些有關純純上課的情形，導師說她常會對著窗外的樹發呆，也提到家裡的近況。

下週，諮商師和純純又見面了，她邀請純純來聽故事，說了「好事成雙」的故事。

「寶拉和丹米看到爸爸媽媽做的事都好擔心。他們覺得也許是自己害爸媽變成那樣【註1】……」、「他們討論的結果是：如果父母的行為幼稚得像五歲小孩，那不是孩子們的錯【註2】。」

隔了幾週，如如諮商師和媽媽、爸爸見了面，他們很希望純純的學習成績可以進步。諮商師告訴他們，純純因為常常轉學、日常作息不穩定和一些心理的困擾，以致無法發揮她的潛能。

如如諮商師承諾會幫助孩子減低心理的困擾，但她也建議，媽媽要幫助純純維持穩定的日常作息，爸爸要固定每週關心純純，這樣她的成績一定會進步。

如如諮商師和純純在遊戲室裡又讀了一本故事繪本：《一片葉子落下來》。

「我們一個一個都不一樣啊！我們的經歷不一樣，面對太陽的方向不一樣，投下的影子不一樣，顏色當然也會不一樣……

「葉子不知道，冬天過了春天會來，也不知道雪會融化成水。他不知道，自己看來乾枯無用的身體，會和雪水一起，讓樹更強壯。尤其，他不知道，在大樹和土地裡沉睡的，是明年春天新葉的生機。」

在諮商倒數第二次的遊戲中，純純選擇畫一張圖，圖中央有戴項鍊的媽媽，陪著長髮綁蝴蝶結的純純在公園裡盪鞦韆，旁邊的大樹長滿綠綠和紅紅的葉子。圖畫的角落裡，爸爸被狗拉著跑。特別的是，這次畫出來的人是第一次畫人的兩倍大。

最後一次見面，如如諮商師帶了一張貼有乾燥欖仁葉片的桃紅色卡片，上面寫著：「葉子，YA！加油！」她們彼此看了對方一會兒，微笑地點點頭！

幾個月後，導師告訴如如諮商師，校園裡的大葉欖仁樹，已經長滿綠色的葉子，樹旁有個期中考考試得到80分的小女孩，正在和同學們玩跳格子和捉迷藏。

如如諮商師知道純純心中種下的那棵大樹，越來越茁壯，綠意盎然，遮住了刺人的陽光，大樹與純純緊緊相依偎著。

輔導心語

每個孩子都有個共同的願望，就是快樂地長大。有些家長受限於自己的能力和現實的生活環境，無法提供孩子快樂的成長養分，讓孩子的心像葉子般枯萎。透過諮商心理師對孩子的同理了解與接納，幫助去除困擾的障礙，灌溉滋養，也幫助家長重新營造良好的生長環境，孩子就會慢慢萌出活力喜悅的新芽，再度洋溢著生氣絢麗的美姿。

愛的註腳

【註1】普同性：諮商師反映有很多孩子都有像案主一樣的心情和想法，可以幫助學生自我接納。

【註2】修正認知：諮商師向孩子說明父母吵架離婚的事情，是父母之間的關係出了問題，修正孩子對事件的歸因，澄清並不是因為孩子不好，減少孩子的罪惡與自責感。

18 受傷的小小孩

文 鄭如安

小志是一個高二復學生，在班上人際關係不好，更經常頂撞師長；父母在他小學時離異，他跟著父親住。

沒多久父親因逃債無法照顧小志，他從此過著寄人籬下的日子，到現在已換了五個親戚家，他在每個親戚家的日子，都是在充滿緊張衝突的情況下畫下句點。

學校老師和親戚都因他的處境很想幫他，但每次和小志溝通時，他一副桀傲不馴的態度，又讓人氣個半死。

眼看小志在親戚家和學校都快待不下去了，他仍然一副「沒有你們我也不會餓死」、「我不需要你們的幫忙」、「每次你們講的還不都是那些」的態度。

第一次和小志的見面，小志正用力甩開輔導老師的手，對著他大吼：「我們沒什麼好談的！」

輔導老師氣憤地走開，只留下我和小志兩人，我們默默不說話。

我打破沉默，主動和他打招呼：「你好！看起來，你心情不大好喔！很煩吧！」

「還好啦！」小志有點無奈，卻很刻意地用力回答。

我看著他說：「我今天真的不是要來告訴你什麼，不過，看你有沒有什麼要談的？」

小志一副不在乎的模樣：「隨便啦！」

我回答：「好！我們今天來玩算命撲克牌好了。」

小志聽到我的話，很訝異，這個老師怎麼會這樣？！看到我真的從口袋拿出一副事先準備好的算命撲克牌，他驚訝地笑了出來【註1】。

從此，我開始跟小志見面，每次我都從算命撲克牌開始，每次也都是有主題的，例如「事業」、「學業」、「親情」、「愛情」、「朋友」等。

每次選定主題時，其實就是選定當天晤談的議題，經常一個議題可以延續好幾次的談話，這樣的談話主題，透過算命撲克牌，由小志主動選擇決定，使得他的抗拒減到最低【註2】。

在晤談的過程中，我了解小志很想考大學、很希望班上同學可以和他打成一片。但他不願意主動與朋友交往，他害怕被拒絕，與其被拒絕，不如不和他們打交道，或者先讓別人怕他，甚至討厭他。

有一次，我問：「小志，你愛你自己嗎？」

他愣住了，驚訝我怎麼會問這樣一個問題，這個問題不是應該給一個肯定的答案嗎？

他笑了笑，沉默很久沒有回答。

他的沉默，讓我有所觸動。我想小志本來就是那麼桀驁不馴，但或許是因為整個家庭的際遇，讓他用對立、叛逆的行為，表達不滿與憤怒！

他的心裡其實住著一個受傷的小小孩，時常做出一些對自己不利，讓自己陷於危機情境中的行為。

父母離異、接連換了五個不同的家庭、長期寄人籬下的生活，這些對小志當然都是傷害。也因為這些傷害，要和他建立關係變得相當困難；但若沒有建立起關係，什麼輔導都甭談。

要協助小志走出創傷的幽谷，有很多不同的方法，我選擇讓他回到自己的內在，陪著他一起看看這個受傷的小小孩，好好地撫慰他、滋養他，一起重新疼愛這小小孩，讓這小小孩長大茁壯。

時間好像停在沉默中，但此次沉默的氛圍不讓人有壓迫感，我知道小志此時的沉默是與他自己同在，或是說與他的內在小孩同在。

「我想放一首歌給你聽。」我開口說話。

小志點點頭。

我拿出事先準備好的ＣＤ，放了「有故事的人」這首歌。（歌名：有故事的人。作詞者：姚若龍）

走著　忍著　醒著　想著　看愛情悄悄近了
冷的　暖的　甜的　苦的　在心裡纏繞成河
曲折的心情有人懂　怎麼能不感動

幾乎忘了昨日的種種　開始又敢作夢

我決定不躲了　你決定不怕了
我們決定了讓愛像綠草原滋長著
天地遼闊相遇多難得
都是有故事的人才聽懂心裡的歌

我決定不躲了　你決定不怕了
就算下一秒坎坷　這一秒是快樂的
曾經交心就非常值得
我要專注愛你　不想別的　沒有忐忑

和小志一起聆聽這首很美的歌曲，靜靜地一起聆聽，像是與朋友一起分享好東西，這是我要送給他的一首歌。

小志很專注地聆聽，時而隨著旋律點頭，打著節拍。

「小志，你以前有聽過這首歌嗎？」

「沒有？」

「好聽嗎？」

「還不錯啦！」

「嗯！其實今天如安老師會選這首歌給你是有用意的。」

小志驚訝地張大眼睛，或許他以為這位老師比較不古板，以前是與他玩撲克牌，沒想到現在還一起聽歌，而且是有所預謀的。

「這首歌雖然是一首情歌，但其中有幾段歌詞，老師很想送給你。」

我拿出印有歌詞的紙，放在小志前面的小茶几，「你猜我要送你的是哪句話？」

「我不知道。」

「要不要猜猜看？」

小志露出靦腆的表情。

「老師要給你的是：『我決定不躲了，你決定不怕了，就算下一秒坎坷，這一秒是快樂的。』」我指著歌詞慢慢地唸出來。

我說：「我知道你從小一路成長，遭受到很多的委屈，而且你不像其他小孩，可以有爸爸媽媽的依靠，你都必須獨自承受……現在老師願意陪著你面對許多的壓力、挫折，希望你可以像歌詞寫的：『你可以不躲了，你可以不怕了，就算下一秒坎坷。』」

小志很安靜、專注地聽我講話。

我知道我更一步地走進他的內心深處，一個連自己都不願意碰觸的禁忌地帶。

我看著他的表情，知道他已接受我的真誠，與對他的接納。

我對著小志說：「老師要再送你歌詞的一句話：『曲折的心情有人懂，怎麼能不感動，幾乎忘了昨日的種種，開始又敢作夢。』」

在結束晤談前，我說：「讓我們一起作夢，好不好？」

他點點頭，離開諮商室。

我望著小志離去的背影，我相信，他內心那個受傷的小小孩已開始康復中，甚至緩緩地伸出雙手，迎接每個人熱情的擁抱。

輔導心語

像小志這樣的學生其實非常多，他們往往在很小的時候曾受到重大的創傷，帶著一個受傷的內在小孩長大。這個受傷的小小孩使他們不知如何愛自己，因而做出一些對自己不利，讓自己陷於危機情境中的行為。

若你的學生或周遭認識的人，就是像這類的學生，提醒你先把情緒穩定，慢慢地透過一些活動（如撲克牌遊戲、音樂），逐步拉近和他們的距離。當關係建立起來之後，一切才有可能。

愛的註腳

【註1】創意性的媒材介入，讓青少年感受不那麼嚴肅，又具有表達性藝術的功能。

【註2】算命撲克牌：具有表達性藝術媒材的性質，又有明顯的主題性，使得整個諮商過程是在尊重的前提下，讓學生帶著諮商師進入其所關注的議題。

隨｜心｜筆｜記

不再孤單

文 王純琪

廷廷出生不久後，便遭母親遺棄在褓姆家，褓姆持續聯絡不上廷廷的生母，也無力照顧，因此將她交給社會局。

從此廷廷在自己口中所稱的「孤兒院」裡長大，後來從周遭的大人口中，得知自己的母親在遺棄她後的幾年裡過世了，父親更是早就下落不明。廷廷一直認為自己是一個「真正的孤兒」，在這個世界上，連一個親人也沒有。

廷廷先前接受社福機構裡的短期安置，直到上了小學後，在社工員的安排下，送到寄養家庭。

這個轉換並不順利，廷廷在前幾次的安置中，都與寄養父母產生了衝突，寄養父母認為廷廷太難管教，幾次的寄養都提前結束。

社工員仍努力為廷廷找個好家庭，最後找到了目前的寄養父母，溝通許久後，他們很願意接納一般人認為難以相處的廷廷。

社工員擔心廷廷面對再度進入陌生寄養家庭的適應情況，便安排諮商師介入輔導，我們的關係就這樣開始。

社工員將廷廷轉介給我時，告訴我廷廷在生活中與人衝突不斷，不但態度不友善，更經常抱怨周遭人對她不公平，常與寄養家庭裡的小孩子吵架，或和學校的同學頻起爭執。

第一次見到廷廷時，她的外表與我想像中頗有差距，秀氣的面貌、清瘦的身材、有禮貌的應答，很難聯想她有一副壞脾氣，但是在我詢問她的生活概況時，抱怨他人的言語紛紛出現。

廷廷不停說著以前的寄養父母有多壞，孤兒院裡的小孩和學校裡的同學總是以大欺小，最後更堅定下了結論：「這個世界是不公平的，到處都充滿著危險，想要保護自己，就要夠兇！因為這樣，別人才不敢欺負你。」

廷廷談論到母親時，以生氣的口吻告訴我：「我恨她，因為她把我丟在路上，差點被野狗咬走，還好警察發現救了我。」

我邀請這位憤怒的小女孩，在遊戲室裡進行任何她想玩的玩具或活動【註1】，她四處看了看，拿起一個玩具寶寶抱著，卻罵起玩具寶寶：「你不乖，你敢再哭，我就不要你了。」

當廷廷試著幫玩具寶寶穿衣服，遇到困難時，便生氣地將寶寶重重摔下：「你不乖！我不要你了！」

連著好幾次，廷廷進入遊戲室後，都會先尋找玩具寶寶【註2】，但是當她抱起寶寶時，態度卻變得很嚴厲，以各種理由責打寶寶。

像是玩著餵寶寶喝奶的遊戲時，廷廷會突然說：「唉！你怎麼都不喝呢？！再這樣，我就不要你了。」接著她將寶寶摔在地上，有時甚至動手打寶寶。

我持續向廷廷反映她的想法與感覺【註3】，每次她都會說：「那是寶寶自己不乖。」

直到有一次的諮商中，廷廷在聽到我的反映時，突然停了下來，若有所思地回答：「其實也不一定，有些寶寶被遺棄，是他的媽媽很窮，有的是因為他的媽媽情緒不好，有的才是因為寶寶不乖。」

廷廷還向我表達對於擁有一個家庭的渴望，她說：「我好希望像別人一樣，有爸爸和媽媽，我一直覺得很孤單。在這個世界上，我沒有任何的親人，總覺得自己是孤零零的一個人。」

除了成長背景所帶來的失落與憤怒之外，廷廷在生活適應上還出現了許多的問題。

其中，令寄養父母親最感到困擾的，是廷廷與他們的子女經常爭吵不休。因此，我邀請了兩個處境困難的兄妹，共同討論這段生活帶給他們的困擾，肯定他們的努力，也討論之後與廷廷的相處方式。此外，我也定期與寄養父母討論，希望能給他們一些支持。

但是我驚訝地發現，雖然廷廷為這個寄養家庭帶來許多困擾，從寄養父母的口中，仍舊聽到許多對廷廷的讚美、對維持寄養關係的堅持，並持續設法找到更適合與廷廷相處的方式。

在諮商接近尾聲時，廷廷的生活適應已有很大改善，與寄養家庭的兄妹不再出現爭吵，一家人還經常開心地玩在一起。

在遊戲室中，廷廷對玩具寶寶的態度也有了相當大的改變，她會試著去哄寶寶，以耐心的態度、關愛的口氣告訴寶寶要乖乖喝奶。

愉快的生活經驗雖然帶給廷廷滿足，但是身世之謎仍是她心中很大的一個遺憾。在幾經考量之下，我與社工員討論，要協助廷廷完成「尋根之旅」。

社工員認同這個想法，積極展開調查，當相關資料蒐集得較為完整時，我對廷廷說明了在她出生前後，她母親的生活概況，也同時傳達目前仍有其他親人，很願意與廷廷相認的訊息。

廷廷很認真地聽著我說，問了許多問題，她告訴我說：「我第一次覺得在人世間，我並不孤單。」

在社工員的努力之下，廷廷終於在諮商室中與舅舅見面了。

舅舅說了許多有關於母親的事情，廷廷好奇地問個不停。舅舅還說廷廷長得和媽媽很像，她聽了很開心，說自己終於可以想像媽媽的長相了。

舅舅也表示之後會定期與廷廷見面。會面結束時，廷廷抱著舅舅所送的小娃娃，滿足地與寄養爸媽回家了。

在我們最後一次的諮商中，我與廷廷討論寄養關係無法一直延續的問題。

廷廷告訴我：「這個我知道，要分開的時候我會難過。不過我不會覺得孤單了，因為我在這個世界上，還有很多關心我的親人了，雖然我們並不住在一起。」

輔導心語

愛的環境對孩子來說何其重要，即使不曾有過、即使曾經失去，只要現在給予，永遠都不嫌遲。與廷廷一起努力的這段經驗，社工員以及寄養父母親所付出的關愛與用心，令我深深感到敬佩。而廷廷所展現的生命力，以及因為這些關愛所激發出的愛人與感恩的能力，更是令我深深感動！

愛的註腳

【註1】遊戲治療：遊戲是兒童最自然的語言，經由兒童的遊戲中，得以了解兒童的內在世界。

【註2】遊戲主題：在兒童中心學派的遊戲治療中，兒童握有遊戲的主導權，諮商師藉由觀察兒童的遊戲行為，逐漸會發現固定的遊戲主題，而且通常與兒童本身困擾的議題有關。

【註3】在遊戲治療中，諮商師並不做任何的分析或教導，只是以反映、跟隨的方式，協助兒童更加了解自己內在的想法或感受。

自由飛鳥

文 邱小淨

當三年前爸爸愛上外面的女人，拋棄這個家的那一天，小珍便開始傷害自己，手臂上麻痺痛覺混合釋放鮮血的快感，成為她暗自舔拭傷口的唯一方式。

三年來，爸爸仍舊在這個家裡來來去去，偶爾白天會出現。但只要夜晚來臨，爸爸就會回去另外一個家，再也不是那個疼愛小孩、賺錢養家的爸爸，反倒還要媽媽去外面籌錢，好讓他拿去給外面那個女人花用。

對小珍來說，爸爸徹底變成一個陌生人：冷酷、自私、不負責任、更會責打媽媽。小珍形容爸爸像一頭只會說謊的驢子【註1】。媽媽也變了，自從爸爸開始晚上不回家後，媽媽變得不做家事、不管小孩、不煮飯，甚至掩飾被打的事實，小珍說媽媽像一頭懶散的豬。

媽媽一心做著小珍無法理解、全無意義的事，不斷用手機狂打給爸爸，載爸爸去那個女人的家，還拿錢給那個女人，甚至還答應爸爸會將外面那個女人當做妹妹看待。

小珍罵爸爸是畜生，媽媽卻阻止小珍，還哭著說：「爸爸沒有對不起你們！當孩子的不能這樣罵爸爸！」

小珍有一個哥哥和一個妹妹，對她而言，哥哥是另一個扭曲的惡魔，像隻兇惡的虎，小珍唯一信任的人只剩下妹妹。

有一次數學老師偶然間知道小珍在家庭中的困境，主動幫她繳清學期的課輔費用，並給了她五百元當零用錢。後來這件事被哥哥知道，哥哥拿著美工刀逼小珍將五百元交出來，爸爸也在一旁幫腔，小珍奮力抵抗。

小珍掙脫哥哥的手逃回房間，房門的喇叭鎖卻被爸爸與哥哥破壞，衝突過程中，小珍奮力奪下美工刀，卻不慎劃傷爸爸。

倉皇的小珍躲到頂樓佛堂桌下，盛怒的爸爸拿著球棒追了上來，後面跟著希望小珍把錢交出來以免會出事的媽媽。小珍屈服了，交出五百元。

爸爸高舉的球棒慢慢放了下來，冷冷地說：「要不是打下去還要花醫藥費，我就一棒打下去！」

小珍被迫限時離開這個家，暫時住到親戚家去。這是小珍當初被學校轉介的原因。

小珍低著頭、靜靜地說著自己的故事，這些事從她的口中緩緩說出，都像是早已重複述說過上百次的老橋段。

我請小珍運用情緒臉譜【註2】，表達當天躲在佛桌下的心情，小珍低著頭、抽選著圖卡，將代表無助、怨恨、害怕的三張圖卡，擺放在桌上。

第七次晤談的前幾天，小珍因指責哥哥上網咖浪費錢，而被一旁的爸爸賞了一巴掌。隔天，小珍在手臂上劃了四、五道新割痕，紀念這一巴掌。

我要小珍從蠟筆盒中，憑直覺挑選出一支粉蠟筆的顏色【註3】，代表這一路以來累積的感受，並在白紙上以隨意塗鴉的方式，表達出內在的情緒。

小珍放鬆身體、跟隨著指導語、憑著直覺，選出不同顏色的粉蠟筆，透過塗鴉、線條、圖形的呈現，宣洩內在情緒壓力。

我邀請小珍為表達的圖形命名，小珍將代表這整個事件的圖形，命名為「扭曲」；而整件事情中最糟糕的部分，小珍畫出一支球棒，取名為「失望」。

接下來，我請小珍將這三年來，因爸爸拋棄家庭所帶來的種種遭遇，透過具體或抽象的任何形式，繪製在新的圖畫紙上。

小珍快速地拿起蠟筆塗抹，畫出一株枯萎的植物，有一隻毛毛蟲惡狠狠啃蝕著植物上的葉片，小珍表示這株植物象徵這個家，而害植物枯萎的毛毛蟲就是爸爸。

我請小珍想一想，如果有一天，她的生命中出現一個很有智慧的人，和她說了一席話，陪伴她共同面對眼前家庭的難關，將會有什麼和現在不一樣的局面出現？

小珍很快拿起蠟筆塗繪，新的畫面中出現了一隻毛色美麗的鳥，一口將毛毛蟲叼走，使整株植物恢復了生機。

小珍表示，有智慧的這隻鳥，是未來高中時的她，高中的自己將會有力量對抗爸爸，讓這個家恢復生氣。

小珍望著最後一張完成的圖許久，僵硬的神情漸漸變得柔和，彷彿想像自己有天變成一隻飛鳥，振翅飛向廣闊澄藍的天空。小珍抬起頭告訴我，她的心情已平靜許多。

輔導心語

存在主義心理學大師法蘭可（Viktor Frankl）曾提及——人所擁有的任何東西，都可以被剝奪，唯獨人性最後的自由不能被剝奪。小珍無力改變家庭暴力及經濟困境，這讓小珍的心靈長期受困、受苦；透過諮商引導，小珍覺察到自我意志的自由性為她帶來一股超越的力量，跨越了現實生活的限制，牽引出對生命的希望感，重新得到力量。

愛的註腳

【註1】諮商過程中，案主透過動物模型的選擇，表達對家庭成員及家庭關係的主觀詮釋。

【註2】情緒臉譜圖卡：可運用於引導案主辨識自我情緒，進入更深層的覺察。

【註3】面臨創傷壓力事件時，有時語言的敘說是困難的。而藝術表達方式可以提供案主一個安全的距離，協助案主透過色彩及圖像繪製，投射出內在情緒，以表達、釋放壓力，並透過作品繪製歷程的主控性，找回自我控制感。

隨｜心｜筆｜記

21 塗糞的小孩

文 李美媛

拿到小美的資料時，我覺得有點棘手又好奇，小美的行為太異於常人——塗糞。

不過，當我和小美見面，發現她其實可愛極了，滿臉笑容，很有禮貌，在遊戲治療中的呈現那麼自然，一點也看不出是異常的孩子。不過，只要一談到家裡，她每次都匆忙帶過，根本不願多談，或者顧左右而言他。

我請小美排動物家族【註1】，小美選最大隻的恐龍當爸爸，在爸爸旁邊是媽媽，是小一點的恐龍，媽媽的旁邊是哥哥，小美用小小的老鼠代表哥哥，再來更遠的地方是祖父和姑姑，也是兩隻小小的小老鼠。小美又選了一隻代表哥哥的老鼠放在祖父頭上，把自己擺在父母之間，用一隻可愛的小白狗象徵自己。

我拜訪她的導師，獲得更多資料。

小美的父母已經離異，大人因互爭監護權而交惡，最後小美被迫回到爸爸這邊，與祖父及同父異母的弱智哥哥小炎同住。

小美剛轉學來時，品學兼優，不僅名列全班前三名，人緣又好。

但是半年不到，小美的祖父每天都來跟老師告狀，小美會把糞便塗在家俱、衣服及牆壁上，祖父覺得小美難以管教，決定不要她了。

老師很心疼地說，每次只要放假回到學校，小美身上臉上總會有瘀青，學校於是通報社會局。

小美小時候是外婆帶大的，祖孫兩人感情很好。當小美剛轉來的時候，小美的媽媽和外婆都會來看她，起先小美都會很高興地撲過去。但是到後來，當媽媽和外婆來時，小美卻猶豫遲疑，不敢走過去。

老師經過多方的探問才了解，原來小美的爸爸嚴厲對小美說，如果她再跟媽媽、外婆見面，就要打斷她的手腳，並且把她丟掉。小美害怕到不敢再靠近媽媽和外婆，漸漸地媽媽和外婆也就不再出現了。

我試著以電話聯絡小美的外婆，她其實很不放心這個孩子，但是她已無力保護這個孩子。她知道只要做些什麼，小美就會被打得更慘，為了小美著想，她不會再出面做任何事。

我後來家訪了祖父跟姑姑，祖父看起來緊張而焦慮，姑姑無業在家，看起來像有唐氏症。祖父年紀一大把，還要照顧姑姑及二個孫子，相當的辛苦。

祖父重男輕女，只偏愛小炎，而且對小美的媽媽充滿負面情緒，連帶不喜歡小美。他認為這個小孩就是回來搞破壞的，不讓他有好日子過。聽完這些，我替小美感到難過，在這種環境下如何健康成長？

為了創造有利於小美成長的環境，我邀請祖父一同接受諮商。經過了幾次會談，發現祖父其實心中最掛念、最愛的是小炎，尤其小炎有輕度智能障礙，祖父一直很擔心，如果將來他過世，心愛的金孫怎麼辦？

我以祖父的最愛小炎做為切入點，來打動祖父的心。我告訴他，小炎長大之後可能較難以謀生，如果他走了，誰來照顧小炎？祖父聽了覺得很有道理，這的確是他最擔心的。我接著提到小美是最可能照顧小炎的人，但是要小美肯照顧小炎，必須從小培養他們兄妹的感情，祖父必須以對待小炎的態度來對待小美，因為對小美好等於為小炎的將來舖路。

祖父把話聽進去了，開始改善態度，比較真心對待小美，小美在家中的異常行為慢慢地消失了。小美每次進行遊戲治療時都會告訴我，祖父對她很好，她好喜歡這種感覺，也開始談起家中的狀況。

以為頗有進展，可惜好景不常，祖父對於小美的態度雖然有些改變，心中還是非常偏愛小炎，尤其看到小美表現比小炎好時，仍不時諷刺小美。

經過一陣子之後，祖父故態復萌，將對小美媽媽的氣憤、對於小美爸爸不負責任的氣都出在她身上。祖父認為小美以後也會像她媽媽一樣無情無義，不可能會照顧小炎。沒多久，祖父又來學校告狀小美的塗糞行為。

我為小美進行兒童主題統覺測驗【註2】，小美認為第一張畫中的小鳥在吃飯，但是旁邊有個炸彈，好危險，因為它隨時都會爆炸；看到第二張時，小美很快地表示這兩隻熊在搶孩子。

從小美的故事得知，她正面臨相當危急的新困境，這個困境和周圍環境有關。我邀請爸爸、祖父及社工員一起來討論如何解決，爸爸表示他沒有工作、沒有房子，根本沒有辦法養小美，打算將小美送交社會局安置。

社會局表示小美不符合安置條件，如果要委託安置，爸爸必須每月付出二萬元，爸爸一聽馬上打退堂鼓，表示沒有辦法。

祖父希望將小美送回外婆家，但是爸爸不同意，除非對方能提出很好的保證。經社工員與外婆連絡，外婆表示她怕小美回來，小美的爸爸會再度來找麻煩，也不敢接受。

小美頓時成了人球，她內心更加不安，努力討好父親，希望父親不要將她送走。但父親只要一聽到祖父告狀，不分青紅皂白，馬上將小美痛打一頓。

最後在一個冬天寒冷的夜裡，小美全身被潑濕，手腳遭到膠帶綑綁，罰跪在室外。

不久，警車急駛而來，小美被帶走了……。

聰明伶俐的小美在安置家庭中很快獲得了接納，但情緒仍是緊繃焦躁的。

我藉著圖畫及各種玩具，協助她抒發緊張不安，希望化解她內在的疑慮。

安置家庭的媽媽非常用心地協助小美適應新的環境，漸漸地小美在安置家庭中穩定下來，遊戲內容也由打擊、打鬥遊戲，漸漸變成創造遊戲。此外她的功課也開始進步，再度名列前茅，人也變成有自信。

小美開始跟我談起將來的生涯規劃，她希望當一名白衣天使，幫助那些需要幫助的人，尤其是那些沒有人要的孩子，她們真的很可憐。我明白她有些依附關係的議題，徵求她的同意之下，邀請安置家庭的媽媽進行親子遊療【註3】，協助小美跟安置家庭媽媽建立更正向的關係。

結案時，小美重展了笑容，和安置家庭媽媽手牽手步出諮商室，我在心中默默地祝福她，早日告別陰霾的過去，走進陽光燦爛的未來。

輔導心語

孩子就如同種子，環境對他們的影響很大，如果放在不對的環境，為了求生存，可能發展出偏差行為。文中的小美，長期遭受不當的對待，但因安置家庭媽媽給予的支持及溫暖，以及心理師一路的陪伴，終於可以在對的環境下，活出生命的光彩。

愛的註腳

【註1】心理師利用家族治療技巧及遊戲治療技巧，藉以了解案家的家庭位階、家人關係及家人界限。

【註2】兒童主題統覺測驗：主要在於了解案主內心的投射、內心的想法。

【註3】案主在依附上出現了議題，藉由親子遊戲、催化親子更深的心靈接觸，以協助案主建立健康的依附關係。

22 努力改變自己的小莎

文 陳怡樺

小莎校外交友廣闊，在校內小有名氣，個性爽直，頗有義氣，喜歡幫忙同學出頭喬事情，也因此惹來麻煩，成為警局與法院的常客。

單親的小莎，與父親及其家族同住，是家中唯一的小孩。升上國中後，常因金錢、管教及兩性交往問題，與長輩們發生爭執。她家境清寒，常利用課餘時間打工，賺取零用錢，結識不少校外人士。

小莎抽煙、遲到等偏差行為，引起師生口角及班級管教問題。校園外的複雜交友狀況，造成無法控制的非法行為，讓校方頗為頭痛及擔心。

一開學，小莎到校還算穩定，校內偏差行為輕微，適應狀況尚可，學校老師持續關懷。但因為過去不愉快的兩性經驗，小莎主動向校方提出想要諮商的需求，校方找來女諮商師，希望能協助小莎。

我初次接觸小莎時，她的姣好外型，跟一般邊緣少女的形象大相逕庭。

小莎頗能侃侃而談，多次提到童年時，親戚常出現語言及肢體暴力，不尊重小莎的行為或隱私，她因而不想待在烏煙瘴氣的家中。

有幾次，小莎覺察自己對母親思念的心情和某些贖罪行為，透露出渴望被愛的心情。

小莎表示自己也想有所表現，但卻因為許多老師對她的不信任，以及她在學業上的不佳表現，就被評斷為壞學生。小莎遭受不公平及不尊重的對待，燃起反抗之心，於是也用相同方式回敬，衍生為師生衝突。

小莎認為如果老師能夠先對她抱持正向看法，她比較容易接受該課程，並且會拿捏師生間的分寸。

在諮商中期，小莎上課狀況開始不穩定，導師對此相當頭痛，我與校方開始以「避免小莎中輟」做為諮商主要目標。

小莎幾次的缺席，讓我開始重新評估我們的諮商成效；另一方面也思考她平常與人的互動模式，背後所代表的意義。

由於小莎有一些法院案件在身，算是校園相當具指標性人物，大家不敢輕忽。導師、輔導老師、學校相關課程老師及家長，都積極從不同角度協助，盡可能找出吸引小莎留在校園的著力點。大家無不利用關係，從不同方向想辦法牽制小莎，避免因交友不慎及一時衝動，引發更多的不良行為【註1】。

所幸小莎並未中輟。新的學期一開始，小莎表示，上學期她離家出走、經常不來上課，覺察自己精神不濟，不想上學，加上校園外複雜的交友圈及訴訟案件，讓她也覺得身心疲累，想好好歇息。

我發現其實小莎很努力求生存，她的童年充滿無助，缺乏安全感，母親早逝，父親因犯罪長年不在身邊，僅能依靠親戚撫養。但親戚酗酒，時常出現語言或肢體暴力，小莎曾因此被摔傷住院，幼小心靈無法理解，在沒做錯事的情況下，為何遭此對待。

失去對親人的信賴，恐懼之餘，最親近的父母卻不在身邊，得不到親情的撫慰，她懷疑這世界上是否還有「愛」的存在。

後來，堅強的小莎學會努力反抗，保護自己，期盼成年後，離開這個充滿不堪回憶的家庭。

小莎也算幸運，在這麼多校內、校外老師的共同關懷、鼓勵及陪伴下，她心中勾勒出理想圖像，對未來充滿憧憬，希望國中畢業後，半工半讀，等到成年之際，可以離開家庭，獨立自主。

幾度大小的個案研討會後，大家似乎越來越清楚可以為小莎努力的方向，小莎跟家庭的關係，由於父親的介入與了解，變得較正向。

透過父親的斡旋，小莎與親戚的關係有了轉圜空間，並積極尋求關係之改善；法庭案件也逐漸明朗，多少約束定期到校行為；小莎被安排至理想的彈性課程中。大家看到小莎的進步及穩定，雖然偶有偏差行為，但在大家的掌握及預測之中。

在諮商期間，我曾問過小莎：「如果奇蹟發生了，妳會期待未來的生活有什麼不同【註2】？」

可能是心電感應，我倆同時浮現：在陽光下，有雙溫暖厚實的手牽著小莎，兩人推著嬰兒車，綻放燦爛的笑容，充滿幸福洋溢的感覺。

這或許就是大家對小莎新人生的期許吧！只要她有所改變，命運自然會微笑善待她。

輔導心語

整體而論，小莎錯綜複雜的家庭、兩性、師生、行為偏差等問題，源自她成長過程中不健全的家庭環境。從小感到被遺棄的小莎，認定自己不為家庭所接納，在原本就屬於青少年的反叛時期，將整個重心放在兩性互動及交友上。我在與小莎較穩定的關係下，發現她真正的問題，凸顯出「愛及尊重」的核心議題。沒有人天生就是個問題學生，我看到的是一位很努力求生存的女孩。生命中有時候可以學著放下，寬恕別人，即是寬恕自己，讓愛更寬闊！

愛的註腳

【註1】青少年諮商通常會利用系統資源，如同儕、導師、相關老師及家長等，蒐集個案資料及建立關係，善用這些既有的校園關係和互動基礎，對問題形成可以系統觀點來評估個案的問題，並採取相對應之策略。

【註2】諮商師利用焦點治療的奇蹟問句，例如：「如果奇蹟發生，問題解決了，你期待看到自己的改變是什麼？」協助個案構想未來願景，鼓勵思考可能的改變，並找尋解決方法。

隨｜心｜筆｜記

23 拒絕上學的薛西佛斯

文 陳宗興

初次與小君相見，是在他的家中。

身為諮商心理師，和個案相約在家裡進行初次晤談，這還是第一遭。

那時的我一手拿著筆記本，上頭畫著我事先向小君導師問好的路線圖，另一手握著機車手把，在鄉間的小路上穿梭自如。

我穿過一片片農田，早晨和煦陽光照在我的身上，微風和稻香陣陣襲來，當時的我，一度忘了肩上所背負的千斤重擔。

千斤重擔源於諸位師長的殷殷盼望，小君就讀國小的高年級導師、學校主任和校長，都明確向我表示希望透過諮商，能讓小君正常到校上課。

自從升上高年級以來，小君請假的頻率就越見頻繁，到了最近一個月，他到校上課的日子簡直是屈指可數。導師和主任也曾親自到小君家中拜訪，甚至一大清早到家裡敲門，想陪著他一起上學。

只是這樣的努力，總是徒勞無功。倔強的小君，用無盡的沉默及不動如山的肢體，倔強地和大人們拔河，就是不肯「安然就範」。

小君是個非常害羞而友善的孩子，初次見面時，他坐在家中的椅子上，睜大著閃亮亮的眼睛，微微對我露出微笑，模樣有點靦腆。

那的確是個「凌亂不堪」而「五味雜陳」的空間。初次站在小君家門口，一度讓我以為找錯地方，因為那棟屋子外頭堆滿雜物，門窗滿是灰塵，感覺像是間閒置的空屋。儘管如此，我還是敲門了，這才把小君的媽媽給喚了出來。

她跛著腳幫我開門。一進門，迎面襲來的味道，幾乎要令我停止呼吸，那是過期食物的霉味及汗臭味混雜而成的味道。

再往客廳仔細一看，吃剩的食物與用過的碗筷，橫陳在狹長的桌上，書本、文具、玩具、電蚊拍佔據桌上的其他空間。房間無一處不是被其他的日用品、穿過的衣物及垃圾隨心所欲恣意霸佔著，似乎向我宣告這裡是它們的地盤，閒人勿近。

一陣兵荒馬亂後，我終於能有「半」席之地，與小君及他的母親談話。

小君的母親告訴我，小君小學一年級時，他的父親因肝病過世。他生前染上酒癮，只要一喝醉，常無緣無故地發脾氣、摔東西，甚至打人。不過，他清醒時，卻又十分疼愛小君，常會陪著小君玩耍，也常買玩具給他，只可惜，他喝醉酒的時刻遠比清醒的時候多。

父親過世後，母親為了養家活口，辛苦地在建築工地工作，無奈禍不單行，她在三年前因一次工安事故而傷了左腳，從此不良於行，也更難找到穩定的工作了，只能以拾荒維生，三餐常不得溫飽。

或許是長期營養不良的關係吧！小君媽媽身體一直都很虛弱，無力負擔醫療費用而延誤就醫，經常躺在床上休息，當然也就無力操持家務，更遑論照顧小君了。

這兩三年來，學校老師們發現小君的功課退步許多，原本人際關係就不佳的他，甚至成了同學們排斥與口頭攻擊的對象。他們嘲笑小君身上的怪味道，卻不知道小君家裡沒有洗衣機，衣服得靠母親有一搭、沒一搭地手洗。

小君在出門前找不到洗好的服裝可穿，只得在換洗衣物堆中隨意找出一套換穿；他們排斥小君總是沒精打采，卻不知家庭環境才是問題的根源。再加上習慣性地不寫作業及不專心上課，小君和老師的關係也就顯得緊張。

這樣的情況，使小君請假的次數越來越頻繁，讓他更不易融入班級的群體生活，不僅是同學們難以接受他，連老師也被迫陷入一場師生之間的角力與拔河。

這簡直是個永無止盡的惡性循環，後來小君全然拒絕上學，每日賦閒在家。當母親外出工作時，他往往整天孤單地守著空屋。

我和小君的諮商，在初見面後順利展開。

頭幾次晤談時，小君的話不多，微笑是他最駕馭自如

拒絕上學的薛西佛斯

的語言，而豐富多變的臉部表情，比起他的話語更能表露心聲。

我發現他很喜歡天馬行空的藝術創作，畫筆與圖畫紙成了我們之間的傳聲筒；陶土成了我們溝通彼此所思所想的郵差。玩具與遊戲則是我們從不斷線的「即時通」【註1】。

從藝術作品中，我發現了小君平時不曾輕易流露的內心世界。在每一次的交會，我們一同探訪心靈的祕密花園，隨著關係的建立益發穩固，我們的心靈更加親近。

小君諮商初期的作品，充分表露內心孤立、寂寞而徬徨無助的感受。其實，十一歲的孩子長期封閉在一個人的世界，那是非常孤單的。

到了諮商中期，我才明瞭小君拒絕上學的原因之一，是對母親放心不下。原來小君曾目睹母親在家無故昏厥，卻又求助無門，他認為守在家中，就能守護媽媽。

乍聽之下，這樣的邏輯不見得合理，但小君在不知不覺中卻對此深信不疑。除此之外，小君之所以拒絕上學，還有另一個隱而未宣的原因——那就是為了取得對於生活的「控制感」。

小君在面對生命中的諸多無奈時，也只能試圖去掌握他所能掌握的，那就是他可以決定自己要不要上學。那樣的力量是何其強大啊！一個瘦小的十一歲男孩，竟挺身與整個世界抗爭，而且成功動搖了學校體制與家庭系統。

諮商師找出案主的正向力量，讓小君在學校參加畫畫比賽獲獎，得到師長的肯定，並結合社會局的資源，請志工定期到家裡，提供家務的協助，減少小君的壓力，使他更安心地就學【註2】。

校方也積極地幫小君申請各項補助，減少其經濟的壓力。諮商歷程自此柳暗花明，持續的拒學轉化為超越困境的力量，我們的諮商也平順地邁向結案。

回顧這一段歷程，我不禁將小君與希臘神話中薛西佛斯的身影重疊。薛西佛斯的大石是天神給的；小君的重擔來自家庭的，他們各自以獨特的方式和命運頑強對抗，表面看似徒勞無功，內在的堅持與韌性同樣令人動容。

我相信小君內心有更大的力量，支持他將生命巨石推到生活的峰頂，我在他堅毅的影子裡，替他鼓掌加油。

輔導心語

越過了重重關卡，通過了曲折蜿蜒的心靈密道，這才找到個案內在所蘊含的珍貴寶藏。猶如表面上荒涼空無的沙漠，底下卻埋藏著取之不盡、用之不竭的豐富礦產。問題行為其實也暗示著改變的力量與方向！

愛的註腳

【註1】此處諮商師結合表達性藝術治療與遊戲治療的理念，與案主進行諮商工作，協助案主的情緒表達與宣洩。

【註2】諮商師運用後現代取向的諮商理念，著重於找出案主自身的正向能力與資源。

隨｜心｜筆｜記

想飛

文 莊懿楨

花花望著教室窗外，神色茫然，對於自己和爸媽之間不斷的爭吵與責難，她覺得真的應付得好累啊！

曾幾何時，給她最多支持和安慰的避風港，竟成了困住她的牢籠。

花花覺得自己像活在鳥籠中的金絲雀，沒有自由，完全不能有自己的想法，只能照主人的意思生活下去。但她卻一心一意只想往籠外，盡情飛去……

花花是國二女生，面貌清秀，在班上成績還不錯，人緣也很好。

她是家中獨生女，爸媽極為呵護。從事補教業的父親和身為銀行經理的母親，兩人悉心為花花規劃人生的藍圖，花花應該是過得十分幸福快樂才是。

但是，自從花花上了國中後，她的笑容卻越來越少，有時整天悶悶地不太說話。看在學校老師的眼裡，覺得花花的改變並不單純，約她到輔導室談心，她也只是淡淡說自己沒事，沒有多說什麼。

第一次見到花花，是在學校的個別諮商室。在見面之前，輔導老師讓我了解她的家庭背景及學校生活情形等基本資料。

我看著學生資料卡上的照片，花花的笑臉上，有兩個可愛的淺淺酒窩，長相清秀標緻，我覺得花花是正值青春年華的漂亮女生。

班導何老師告訴我，她曾經和花花接觸多次，她有很多心事，情緒低落，卻不願意溝通。

花花在同學陪伴下，來到個別晤談室。

初見她的那一眼，我看到一個憂鬱的天使，漂亮可愛卻眉鎖深愁。

我簡單地自我介紹，說明往後晤談的時間與方式，以及對談內容的保密事項【註1】。

我從對花花較不具威脅性的學校生活開始，慢慢帶入日常生活及家庭成員間的互動。

花花起初較為拘謹，對於提問只簡短回應，並不時咬嘴唇，看似緊張。

我反映她的狀態：「花花，我覺得妳現在有些不安，似乎在這裡和我聊天，讓妳覺得有些不放心。」

花花微微點頭，表示同意我對她現況的詮釋。

後來我不經意地發現花花左手臂上，有多條深深淺淺的紅色傷口。

原來，花花一直都有自我傷害的行為，只是她都掩飾得很好，傷口不容易被發現。

「花花，我看到妳的手臂上有很多傷口，可以聊聊發生什麼事嗎？」

花花像是壓抑很久，淚水突然潰堤，述說自己和父母近來種種衝突與壓力。

自從上了國中之後，隨之而來的繁重課業，讓花花再也無法像小學時期一樣無憂無慮。

花花小學所學的音樂才藝課程，都被英、數及理化的課後補習取代。花花平日都埋首在讀不完的書本和寫不完的作業中，還要挪時間準備隔日的大小考試。

好不容易終於可以在週末假期有絲喘息時間，花花想和朋友邀約出遊，爸媽卻以加強功課、限制朋友交往和亂花錢等理由，禁止她出門。

花花不明白父母種種規定，覺得他們蠻橫霸道，為此常和他們起衝突，大吵大鬧，弄得雙方相當不愉快，花花用力甩上門，躲在房內輕聲啜泣。

花花的爸媽覺得：學生就是該用功讀書，不像小學可以遊戲，出去玩只會浪費錢，還可能結交到壞朋友。他們希望花花可以考上優秀的高中，要求她要把所有的時間都用在讀書上。

爸媽給的壓力，花花只能向好友傾訴抱怨，卻苦於無法改變父母的想法，只能把憤怒和不滿隱忍下來。

直到有一天，她拿起了美工刀，在手上輕輕劃出幾道血痕，覺得心裡的痛苦被手上的痲癢感給取代。往後的每一次親子衝突，花花就會躲回房間，茫然地用刀子一次又一次留下痕跡……

「爸媽的要求讓妳覺得不合理，卻又無力改變，只能傷害自己求解脫，是吧？」我表達對花花處境的理解，心疼這個孩子。

「花花，我想了解一下，妳這樣傷害自己的情形多久了呢？」

我評估花花自我傷害的危險性，包含自傷的意圖，是否求死、自我傷害的次數頻率多寡、自我傷害的方法及傷害程度等，先與花花進行「不自傷契約」，再做後續晤談【註2】。

同時，我也向花花表明她的權益，強調她在晤談室中擁有隱私和自主權，可以決定她想說什麼或保留什麼，並重申保密原則及例外情形，讓她了解除了自我傷害之外，我不會把她所說的內容告訴他人，包含她的爸媽跟學校老師。

花花點點頭。

我先針對花花的情緒進行處理，了解她情緒的宣洩方式，以及同儕給予的情感支持來源是否足夠。

我預計從兩個方向著手進行，一方面是花花本身的調適，另一方面是與她的爸媽溝通。

我向花花確認目前的晤談焦點在於親子衝突，花花的困擾主要在於自由的需求無法被滿足。

我探詢花花過去和爸媽意見不合時會如何溝通和處理，以了解她對於自主和自由的需求如何表達和滿足。從不斷的討論中，我與她試著找出滿足自由的需求，並能處理親子衝突的新方法。

我與花花一起評估新方法的可行性及可能遭遇的困難，訂出行動計畫，鼓勵她返家後進行嘗試，再討論實行後的結果【註3】。

我徵得花花的同意，取得她爸媽的聯絡方式後，和家長進行諮詢。相較於爸爸，她較願意和媽媽溝通。

我聯絡花花的母親，她透露家長的心情，她和爸爸對於和花花之間的親子關係惡化，感到既頭痛又難過。媽媽說，為人父母都希望子女成龍成鳳，有一番好成績，不要誤入歧途，因而設定「家規」，要孩子配合遵守。

我了解家長的為難，向花花母親說明青少年在發展階段上的個性轉變，並表示，他們的管教方式，對花花來說，可能較缺乏彈性，讓她少了獨立自主空間，如果經常習慣使用強硬的手段及態度，更容易使孩子反彈。

持續數週的學生晤談和家長諮詢，花花學到不以衝突吵鬧的方法，和爸媽爭取自己的自由。花花的爸媽也試著以協調討論的方式，和她溝通彼此的想法、做法。

結案時，花花已不再覺得「家」是一座牢籠，家又成了她心中最溫暖的避風港。

花花不再愁眉不展，重新綻放純真的笑顏。

我看到純真的天使再次展翅飛翔……

輔導心語

青少年親子衝突的議題，經常源自於父母關懷保護和孩子獨立自主之間的拉扯。雙方都過於堅持、不肯放手，加上使用不良的溝通方式和對方互相衝撞，造成彼此關係的破壞，傷害親子間緊密的情感。輔導人員有時扮演協調者的角色，傳達親子雙方的感受與需求，並且幫助他們找到合適的溝通方式，就可能減緩衝突，重新找回親子間的和諧。

愛的註腳

【註1】場面架構：於諮商的初次晤談中使用，目的在幫助案主清楚了解日後諮商工作的進行方式。

【註2】自殺危險性評估：對於有自殺或傷人危險之案主，需立即進行危險性評估。以本文之自傷個案為例，需評估案主自傷之程度、頻率、有無求死意圖、自傷工具取得之便利性、自殺計畫等。緊急狀況下，需聯絡家長和醫療單位等。

【註3】WDEP技術：為現實治療法中的治療技術。W=want表示案主的需求，D=doing表示案主的具體行動，E=evaluation表示對案主行動的評估，P=plan表示案主對於改變行動的計畫。

隨｜心｜筆｜記

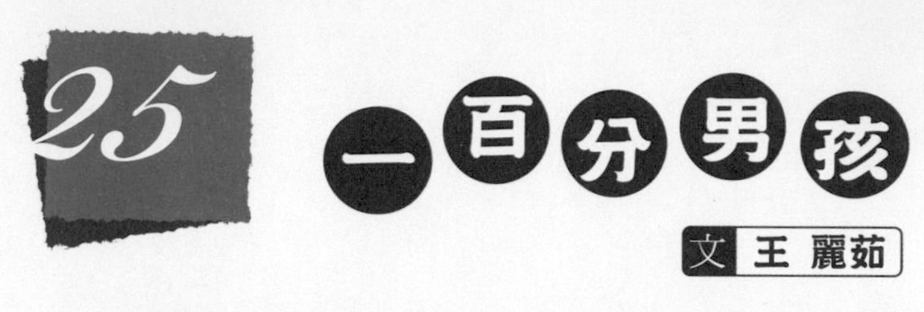

25 一百分男孩

文 王麗茹

阿義是一位國小四年級男生，胖胖壯壯的身軀，看起來更像是高年級的學生。

國小一年級時，阿義的父母離異，媽媽與妹妹同住，阿義則與祖父母同住。爸爸在北部工作很少回家，阿義的生活，由年邁的祖父母照顧。

根據導師的描述，阿義在班上功課很優秀，是前三名的學生，對自己的考試分數要求很高。如果沒有考到標準，或是跟同學玩時遇到不如意的事，就會動怒，做出打自己的頭、拿剪刀抵住脖子、自掐脖子等自虐的舉動，更曾數度表示有輕生的念頭。

看了他的資料，了解情況後，我很心疼這個一心一意想追求一百分高標準的男孩。

我心想阿義內心一定有說不出的苦痛，在情緒找不到出口的狀況下，才會有這些不正常行為的出現。

第一次見面時，阿義顯得很安靜，也很有禮貌，玩玩具時很謹慎，總是小心翼翼地把每樣玩具放回原位。

活動時間結束後，阿義還立正站好和我說「謝謝，老師再見」，感覺他是一位很注重禮節、要求完美的男孩。

在某一次月考結束後，阿義告訴我，他雖然考了九十幾分，但對自己很不滿意，他要一百分才是最棒。

我回應：「你希望自己好，還要更好，你對自己很嚴格，要一百分才能感到滿意【註1】。」

阿義靜靜地聽著我說話，並點頭沉默，彷彿在思考一些事情。

阿義說：「奶奶很重視我的成績，只要我考一百分，她就很高興，我要什麼她都會答應我。可是如果我考不好，就什麼都沒有了。」

我告訴阿義：「分數不代表一切，分數也不代表你這個人的價值。不論你考幾分，你真正的價值遠遠超過一百分。」

一次的活動時間，阿義選了遊戲室中的一隻皮卡丘，做為他的玩偶，並將它命名為「殺人魔」。

我心想，這麼可愛的一隻玩偶，竟然有這樣可怕的名字，阿義一定有特別的用意。

阿義透過此玩偶，投射出心中的傷心、難過，以及對於自己和家人的生氣與憤怒【註2】。

在遊戲治療中，阿義進行一個又一個的角色扮演，呈現出他心靈深處真正的想法：

「他並不喜歡自己！」

「他覺得大家（爸爸、媽媽、家人）都不要他。」

「他需要用防衛的方式保護自己。」

「他不想再讓心受傷了。」

在這段宣洩的過程後，阿義開始學會擁抱皮卡丘，也學會擁抱自己，接納並喜歡自己了。

我看著阿義開心地擁抱著皮卡丘，跟皮卡丘的合照裡，阿義笑得很開心。我知道，有些東西不一樣了，有些東西轉化了、也改變了……

結案的時刻，我問阿義：「現在的你跟學期初的你，有什麼不一樣？」

他回答：「那時候我的心情很低落，現在好多了！」

我說：「是什麼造成了這個改變呢？」

阿義說：「我也不知道，應該是來『這裡』吧！這是一個神奇的地方，希望我五年級還可以來。」

我，打從心底暖暖地笑了。

是的，這的確是一個神奇的地方。被命名為殺人魔的皮卡丘，終於恢復成為可愛的皮卡丘了！

這個想追求一百分的男孩，終於踏上了解自己的旅程，未來，他要追求的是生命真正的意義，這份價值遠遠大於一百分的，喔！不，應該說，這價值絕對是分數無法衡量的。

我只能在心裡默默祝福著，一百分男孩，加油吧！

輔導心語

兒童自我傷害的問題，許多都源自於家庭對孩子的影響。

孩子在情緒找不到出口下，只好用自傷的方式來宣洩。這時候大人和老師們要保持鎮定不要太過慌張，要了解這是求救訊號，知道孩子正很努力地讓我們了解他需要幫忙。

我們所能做的就是盡量同理他當下的感受，不論是極度的憤怒或難過，並給予適當宣洩的方式，以替代自傷行為，要讓孩子明白傷害自己，抑或傷害他人都是不明智的行為。

接受兒童中心遊戲治療取向訓練的我，在一開始互動時，不會開門見山地跟孩子討論自傷，當關係慢慢建立穩固後，我發現孩子自己會跟我提他的困擾與問題，而在這時候適時的切入，就變得自然且更具有正向的影響力了。

當孩子在某次活動中以黏土排出「I Like You」的英文字樣，並對我說：「這是我對老師的心情！」

我非常清楚，是這段關係與陪伴的力量，促成了正向的改變；是這股相信孩子本身擁有療癒的力量，讓改變發生。我深信，陪伴就是力量，在聆聽參與孩子的故事裡，我們共同經歷了一段用心交會的旅程。

愛的註腳

【註1】情感反映：說出你看到或感受到兒童內在可能的情緒狀態。

【註2】把自己的情感與心情反映在玩偶身上，並藉由玩偶表達出來。

26 媽，別把我想得那麼壞

文 王秋嵐

一進輔導室，看見主任跟一位看起來像是老師的人在談話，主任臉上堆滿笑容，向我介紹那位王老師。

主任希望我和王老師談談家庭狀況，然後留下我一人就出去了。

我是個國三生，小學六年級時，媽媽受不了愛喝酒又愛賭博的爸爸，選擇離婚，接著帶我搬到別的地方住。

搬家後，媽媽的脾氣變得越來越壞。上國中後，媽媽忙著工作賺錢，我時常一個人在家，無聊就看電視，要不就到附近逛一逛。

有一天我走著走著，不知不覺就走到附近一家網咖。原本只是想稍微玩一下，沒想到線上遊戲這麼好玩，讓我不可自拔，就這樣流連在網路世界的時間越來越多。

有一天媽媽告訴我，為了多賺一點錢，她必須從早到晚兼差。她說我也該長大了，要會多想一點，多用功讀書，將來才有前途。

我隨口應和，心裡則偷偷高興可以泡網咖多久就多久，沒人管我了。

剛開始我會先把功課寫完再去網咖，隨著線上遊戲的級數提升，我一天比一天更早到網咖報到，不斷延遲回家睡覺。

漸漸地，每天到學校，上課中不知不覺就睡著了，作業也交不出來，考試就更慘了，可是我管不了這麼多。每天一百元的餐費能省就省，省下來就去上網咖。

這樣的日子，終究被媽媽發現了，我從沒見過她發那麼大的脾氣，把門關起來狠狠打我。

我越躲她打得越兇，我痛得搶下媽媽的棍子，大聲對媽媽說：「媽媽，妳打得我很痛，我會受不了。」

媽媽被我推倒跌坐在地，大聲痛哭，開始說她一生多命苦！

我對媽媽產生怨恨，妳既然命苦，為何還要把我生下來？！我也覺得很苦啊！媽媽說要辭掉一份工作，把我管緊一點，我更加反彈，決定擺爛給她看。從此，上課遲到、作業不交、對老師說謊，都是常有的事，看她還能拿我怎麼辦。

這個想法聲音很大，但心裡也有一個小小的聲音說：「這樣好嗎？」

媽媽到學校去告狀，班導記我警告，輔導老師也約我聊了幾次，現在出現這個「王老師」。

其實，我也很希望有個人能聽我的內心話，王老師看起來也還不討厭。

我和王老師談了三、四次。王老師跟我商量，是否願意跟媽媽當面會談，讓彼此可以對話。

她問我是不是在擔心什麼？

我說，我討厭聽見媽媽重複那些抱怨的話，我已經聽得很煩了。

王老師說，媽媽重複那些話，代表那是她覺得很苦的地方，媽媽也希望有人能聽懂她的苦。

我點點頭。

終於，會談時間到了，媽媽出現在諮商室門口。

見到媽媽，我低下頭去，心情很複雜。

王老師引領媽媽和我坐下來。

王老師說：「從孩子的口中知道媽媽很辛苦地拉拔小英長大，媽媽當時是怎麼想的？妳一定有妳的期待吧？」

媽媽雙手一攤說：「怎麼會沒有？她爸爸賭博、喝酒、又會打我，我和小孩常擔心受怕，我才決定離婚。我辛苦工作，拉拔她長大，日夜加班，只為了賺更多的錢供她讀書，希望多攢一些錢為我自己的下半輩子而努力，我這麼拚命，哪裡做錯了？每天給她錢，她似乎都去泡網咖，講也講不聽，甚至還跟我嗆聲！」

王老師說：「真不知這些年妳是怎麼熬過來的，妳一定有妳很強的生命力【註1】。我想小英也聽到了，我們讓小英也來說一說她想說的話，讓媽媽來了解她，好嗎？」

小英無奈地說：「我真不知要說什麼，我媽媽就是這樣，每天唸東唸西，她不煩，我可是很煩。說什麼我這樣下去以後會『撿角』，我們班上還有別班的同學都嘜這樣，我也沒怎樣啊！每天說我如何如何，我能怎樣啊！每天叨唸自己有多辛苦，唸我這個不是，又唸我不好好讀書，枉費她的辛苦錢。」說著說著，小英突然覺得悲哀而流下淚來。

王老師說：「媽媽妳也聽到小英的心聲，她表達平日媽媽習慣用負向的話來刺激她，這會激起她用更激烈的想法或做法來回應。媽媽也會再加碼，看誰比較有權力或力量，就好像火上加油的方式來溝通，非得要對方屈服不可【註2】，媽媽妳覺得是這樣嗎？」

媽媽回答說：「我只是想把憋在心裡的話說出來，說完後胸口也鬆了。第一次看到我鐵石心腸的女兒低頭流淚，以前看到的她是冷漠無情。老師啊，妳說我們母女是在演出『火上加油』互相毀滅的戲碼，想想似乎也很像。我這麼拚命累得全身是病，都是為我孩子，為我的家庭，我就搞不懂，到頭來怎麼母女反而像仇人呢？」

王老師說：「媽媽有沒有可能，妳把妳太多的期望放在她的身上，對孩子來說有一種太沉重的感覺，孩子也有她自己的人生，有她獨特的生命，媽媽妳有什麼看法【註3】？」

媽媽說：「我承認是我把太多的希望放在女兒身上，要她照我的期待長大，如果不照我的意思，我會生氣。我以為一定要讓她知道我不高興，但她無動於衷，我一定要說到她聽見才行，可是她的態度越來越惡劣，我就更要想辦法管教她。我也很累了，看到我們互相對待的方式，想來也悲哀哩！我是不是該重新改變自己的想法、做法？」

王老師說：「小英聽到媽媽這樣說，妳有沒有想說什麼？」

我說：「當老師說我們正演出『火上加油』互相毀滅的戲碼時，我想了一下，還真像那樣子。可是我沒那個意思，我只希望媽媽不要情緒化，同時不要用話來刺激我，沒有鼓勵，也不必嚴厲責罵我，從小在吵鬧打架的環境裡生活，我非常容易擔心害怕，我的心裡很焦慮，希望全家好，從沒要毀滅它。」

媽媽聽到我的內心話，感動地流下欣慰的眼淚。

此時，我只想抱著媽媽對她說：「媽，別把我想得那麼壞，我仍然非常愛妳，我知道妳很辛苦工作都是為了我。以後，我會做個讓媽媽開心並且引以為傲的小孩。」

輔導心語

家庭宛如一個系統，每一個人都是系統的一部分，互相依靠也互相影響。家庭裡某人行為的問題或症狀，跟家庭每一份子互為影響，每個人都有貢獻，也就是說每個人都有責任。

案例中，傷心的母親能以智慧看到自己與家人回應的循環行為，也很有心改變模式，如此就有機會影響孩子放下對抗的行為；讓彼此以良性的態度來回應，就有可能讓衝突緊張的關係，回到平和的狀態，真正了解親愛家人心底最動人真摯的愛。

愛的註腳

【註1】諮商師抱著熾熱好奇的心去聆聽、觀察、貼近跟隨、適當地停留在那情境裡，感受案主的痛苦、不安、困難和掙扎，體驗他們的無奈、無助和焦慮。適時肯定他們的主觀經驗，給予支持和鼓勵。

【註2】「火上加油」的方式，是諮商師在很短時間為家庭情境把脈，找出受問題困擾家庭的相處模式。

【註3】諮商師先要讓求助家庭體驗到他們相處的困境，明白這困境正在阻礙著他們去處理和解決問題。繼而，探討他們是否願意脫離這相處模式的枷鎖，尋找和嘗試新的相處方法。因為存在的問題，是家庭生活的一部分，家庭中每個人都有責任，都需要共同面對和改變的。

單元4 師生篇

年少輕狂時　偶爾挑戰權威
與老師有過劍拔弩張的場面
你也可能想要個祕密基地
你不壞　只想要愛
只要相信　自己值得被愛
痞子將昂首變成英雄
帶刺的玫瑰也將開出
燦爛的花卉
瀕臨危機的生命終有轉機
老師與學生共同經營的愛
撥開重重的雲霧
終於見到綻放的
藍天

27 我不壞 我只想要愛

文 葉明哲

初次看到小新的資料時，我腦海不禁浮現孫悟空大鬧天庭的情景。

一般來說，老師在學校代表權威，而小新卻不考慮後果，時常與老師衝突。事實上，他升上國小五年級後不久，開始出現不少狀況，不僅常與老師頂嘴，作業更經常遲交，有時對老師有所不滿，乾脆不進教室上課，甚至在上課途中，他還會自行離開教室，到校園裡遊蕩。

老師感到相當困擾，除了和家長保持聯繫之外，也尋求學諮中心的協助。

第一次見到小新，我還真楞了一下。

他和我想像的一樣，符合孫悟空活潑好動的特性。他看起來聰明伶俐，坐下不久就起身，四處碰觸，似乎對遊戲室中的每樣東西，都感到好奇與興趣。

小新笑著對我說：「遊戲室裡，真是神奇啊！」

我覺得這個和教室不同情境的場所，已突破小新的心房，小新不但接受，還很享受這樣的感覺。

經過幾次的互動，我發現眼前的小新是一個敏感、反應也很快的小孩，雖然有時會用一些較調皮的語氣說話，但也不是一個會與你唱反調的人。

我問他說：「在這裡的小新與在教室時的小新有什麼

不同？」

小新搖頭晃腦地想了一下後，笑著對我說：「教室中的小新較賤。」

我愣了一下，雙眼盯著小新說：「賤？」

小新開懷地說：「對呀！因為有時太無聊，老師又愛唸，我只好偶爾頂頂嘴，不然就是發出怪聲，讓全班哄堂大笑。」

這個時候我發覺眼前用笑臉面對我的小新，那張笑臉似乎不是那麼自在與坦然，反而有那麼一點點無奈。對於這樣的狀況，小新自我的解讀是「賤」，可以想見他內心的感受，絕對不會是喜悅的。

我說：「如果可以的話，你是不是不想再這樣賤下去？」

小新收起笑臉說：「當然不想【註1】！」

了解小新的想法後，我找了導師談。

導師說，在他眼裡，小新是很聰明的小孩，導師相當了解小新的家庭狀況與處境，剛開始擔任導師時，也給了小新很大的寬容與彈性，兩人互動還算良好。

日子一久，小新似乎把導師給的方便當隨便，為了不讓其他同學有樣學樣，導師因此對小新的要求也增加，開始了兩人不斷衝突的惡夢。

我告訴老師說：「你每天辛苦地想要小新改過，不但未能改善他的行為，反而每天一到學校，就過得很不快樂，為何不讓自己鬆口氣呢？」

與導師討論後，我們都覺得小新其實很期待被關注，但卻一直無法透過好行為被肯定，只好選擇較不當的舉動來獲得關注，畢竟那也是一種注意，而且他還真的得到了別人的關懷！我請導師不要再對他的不當行為苦口婆心，反而盡量發掘他一天中難得出現的良好舉措，給予口頭的肯定，讓小新去獲得不同的感受【註2】。

在與小新的晤談過程中，我先讓小新想想每次與導師衝突後的感受。

小新一開始很快回答：「爽啊！」

我看著小新的眼睛，輕聲地問說：「然後呢？」

小新突然默默不語約三十秒，才小聲地說：「其實我很難過，一點都不爽。」

我表示很能理解他的心情，接著問道：「每次衝突後你都感到難過，可是卻從來沒有人發現？你願意談談那種難過嗎？」

小新點點頭後陷入一陣沉默，眼眶漸漸紅了起來。

他說：「我一直想要讓大家看到我的好，可是似乎做什麼都不對。我真的好爛，所以明明知道頂撞老師是不對的，可是當被責難時，不雅的話就會脫口而出。」

我拿出紙及筆，請小新畫出在教室的小新及現在的小新，等他畫完之後，我請他看看二者的不同。

小新說：「教室的小新，看起來很行，一副很了不起的樣子，其實內心是很孤單、很難過的；現在的小新，看起來很平凡，眼眶還紅紅的，但卻是展現出真實的自己。」

我看到小新對自我的覺察，再請他想一想，哪一個小新才是他真正喜歡的？

小新很快回答：「當然是現在的自己。不過這麼普通，真的會有人喜歡嗎？」

我看著小新說：「你很期待有人喜歡你，那以前的你，有很多人喜歡嗎？」

小新抓著後腦杓，不好意思地說：「其實也沒有，只是很多人因我的惡名而認識我。」

我問他：「那你願意給自己一個機會嗎？」

小新瞪著大眼睛看著我回答：「我願意！」

我請小新從能量語句卡中，挑出自己最有感覺的。

小新一一細看，最後選出「雖然我曾做錯事，但我還是值得被愛」！

我拍拍小新的背，告訴他說：「沒錯，你要相信自己永遠值得被愛【註3】！」

我用卡片寫下能量語句，讓這樣的能量能一直伴隨著小新，我也相信：「當小新感到自己值得被愛時，一切將會好轉。」

導師逐漸發覺小新的正向行為，開始改變他面對小新的態度與方式；此時的小新，相信自己值得被愛，二者相輔相成，師生之間的互動變得更和諧了。

我看著小新蹦蹦跳跳遠離諮商室的身影，就算是大鬧天庭的孫悟空，縱然有一身好本領，也需要被人愛，被人關懷。我知道，這個世上沒有真的壞小孩，只有渴望愛的小孩。

輔導心語

從小新的故事中，我更深刻地相信「每個行為背後必定有其因」，可是通常我們都習慣處理看得到的部分，不過卻往往得不到效果，甚至行為越來越離譜，直至無法收拾。就像小新，他在許多人眼中就是不受管教、愛頂嘴，就如同孫悟空大鬧天庭一般，不斷向權威挑戰，但他們所求為何？其實就是內在需求的滿足，小新想要的是愛，而孫悟空要的或許是權力，也或許是自由……。

身為輔導工作者，我們不能只由表象來看待問題，而是要透過同理去貼近孩子的心，才能有機會看到問題背後的成因，也才能讓受助者內在的需求獲得滿足，進而修正不當的行為。

愛的註腳

【註1】此處運用高層次同理心，針對案主隱含或暗示的部分，即案主的真正感受，做更深入的反應，以對問題情況有更正確的了解。

【註2】忽略負向行為與使用正增強：讓案主的負向行為不特別被關注，藉由肯定正向行為，逐步養成適當的行為，以修正案主的行為模式。

【註3】能量語句卡是一些正向增能的語句，用來整合案主的轉變、進步與發展，協助案主的內心獲得滋養與希望，充滿正向的能量。

愛的擁抱

文 施俊玓

這個孩子，一開始就垮著一張臉走進來。

她一進諮商室，似乎就打定主意，要用沉默讓我這個諮商師知難而退。儘管之前我只花一個小時，就已經跟她媽媽打好關係，讓媽媽相信我，可以陪孩子走過這一段任人欺凌的恐怖生活……只是，孩子不說話就是不說話。

儘管之前學校的老師曾經跟我表示，孩子的媽媽相當焦慮，挫折忍受度很低，孩子的人際關係技巧不好，情緒起伏有如媽媽的翻版，成為班上的麻煩製造者【註1】。但是在和媽媽會談之後發現，她本身有許多來自婚姻、工作以及和原生家庭關係緊張的壓力，讓她處在一種焦慮的狀態之下，加上孩子每天回家，都跟她哭訴在校被同學欺負，使得護女心切的媽媽，不斷到學校尋求協助，希望學校老師能幫幫她的孩子。

兩、三個星期過去了，孩子依舊斜著眼睛看我，用著她的眼白，用力地瞪著我，好像向我示威：「妳怎麼還來呀？沒用的啦！我什麼都不會跟妳說的啦！」我也知道，面對這樣的孩子，時間與耐心是和孩子建立關係的不二法門，況且，我也需要一些媒材來打破僵局。

之前在其他的學校，發現可以促進團體成員相互了解的遊戲盤。如果，遊戲，可以是一種互動模式，加上孩子仍然願意繼續前來接受諮商，來聽我說話，那不妨就試試看吧！

結果，在玩遊戲盤的過程中，我意外發現孩子臉部的肌肉開始放鬆，嘴角竟出現了笑容。她的布偶有了生命，會爬到我的身上撒尿，更多時候是飛到我的頭頂大便。接著，孩子的笑聲越來越大聲，聲音大到輔導室的老師在我們會談結束後會好奇地問我到底做了什麼，能讓那孩子如此高興？

老實說，我並不確切知道孩子高興的原因。只知道會談的過程需要慢慢來，也相信當關係建立了之後，她就會自然而然地願意把心裡的話跟我說，而不會只是來找我玩……

果真，經過幾次之後，孩子的玩偶開始跟我說話。

玩偶說小主人在班上怎麼被同學欺負，鐵鋁罐、板擦、粉筆如何在她的身邊漫天飛舞，但是導師卻要小主人自己去面對，說這是一種訓練！玩偶也生氣地說著誰跟誰怎麼樣，把小主人最在乎的東西做了怎樣跟怎樣的破壞，小主人請導師主持公道，但是導師卻反問小主人，為什麼要帶這些東西到學校來？放在家裡不就沒事了？

慢慢地，孩子不再需要玩偶的協助，每次邊跟我玩，就邊描述著她如何在休息的時間裡自己陪自己玩，講著同學怎麼在她一上線之後全部下線……聽著，心頭一陣又一陣的抽痛。

我沒有辦法想像沒有朋友的日子，我的人生旅程，朋友佔了一個絕對重要的位置。交朋友，也從不會是我需要努力的挑戰，而這個孩子，因為面臨人際關係的問題，讓她在小小的年紀便因為受到排擠而開始不信任他人。

透過邀集各方意見的個案研討會討論，我們這群大人決定讓孩子離開原本的那個環境，進入了另一個天地【註2】。因為那個天地，孩子整個人亮眼了起來，開始散發出她這年紀特有的光彩。

今天，孩子依舊玩著破冰有功的遊戲盤，裡頭有一張卡片，要她擁抱遊戲成員。她站了起來，雙臂張得好開，很用力、很真摯地給了我一個熊抱。

像是電影「魔法褓姆」McPhee所說：「有些關於我工作的模式你們應該要知道。當你們需要我，但不想要我的時候，我就必須留下來。當你們想要我，但不再需要我的時候，就是我該走的時候。這很讓人傷心，真的，不過，就是這樣。」

There is something you should understand about

the way I work. When you need me but do notwant me, then I must stay. When you want me but no longer need me, then I have to go. It's rather sad, really, but there it is.

和孩子那樣緊緊的一個擁抱，讓我知道任務將近完成，因為她已經知道怎麼打開自己的心扉，迎向更廣闊的世界。

輔導心語

當媽媽可以好好地說說自己的擔心以及無助之後，被聽見的感覺，被了解的放心，讓媽媽相信有人真的願意聽她說，願意幫助她的孩子快樂學習。有了這樣的相信之後，也比較容易跟孩子工作，因為媽媽會告訴她，這個老師不一樣喔！妳要繼續去，有心事就跟老師說……就這樣，透過和媽媽建立起關係，逐漸瓦解孩子對其他大人的不信任，然後，才能有機會聽到孩子的聲音，發現孩子的行為問題是由於環境的不利因素，而不是孩子本身的人格問題。

傾聽，對許多助人工作者來說，都是最基本的學習，只是，在和這個孩子工作的過程中，我也不斷地思考，如果我們因為個案的外顯行為，帶著既定的印象來和個案與家庭互動，而忽略了背後可能的成因，或許，也就無法好好地做到最基本、但也是最有效的傾聽了！聽，還需要聽得見！

愛的註腳

【註1】習慣用問題導向的方式來評估問題的助人工作者，可能比較難看到行為問題背後，環境對個人造成的影響，也較容易將行為問題歸因於個人的人格特質。一旦問題被歸因為人格特質，就容易在服務提供的過程中卡住，因為人格特質不是那麼容易去改變的。而且，這樣的歸因，也容易引起被歸因者的反彈（我才不是這樣），或者是辯解（我會這樣都是因為誰誰誰怎樣），溝通的大門，合作的對話就不容易產生，進而可能引起更多的對立與指責。

【註2】有時候孩子面臨的問題，不見得是孩子本身的人格特質或是人際互動技巧不足的問題，有時候或許是孩子所處的環境出了狀況，引起孩子產生問題行為。這時候，去關照到環境因素對孩子的影響，也是治療師與老師和家長們必須去注意到的部分。某些時候，改變環境之後，後續的人際互動技巧或者是行為改變計畫的提供才能夠更有效。

29 阿痞變英雄

文 鄭楦榮

阿痞，是個小學四年級的男生，爸爸媽媽工作忙碌，阿痞經常在放學回家後，自己一個人買晚餐回家吃。陪伴他的，只有囂鬧不已的電視。

阿痞在班上沒有固定的朋友，反而經常留連於網咖，結交校外網友，與網友見面、玩樂。

阿痞的老師教學認真嚴謹，對於班上每一位學生的表現，有著殷切的期盼。阿痞因學習狀況不佳、功課始終無法如期繳交、學習動機不高、學習態度不積極，經常讓求好心切的老師生氣，最後老師也對阿痞的學習，有著深深的無力感。

阿痞越來越聽不懂老師上課的內容，上課時只好找同學講話，當場被老師指正，他頂撞回去，隨即被老師帶到訓導室反省。

另一方面，老師也經常在下課時，要求阿痞趕快寫要補繳的作業，讓阿痞經常只能看著同學們嬉戲，對功課越來越沒有興趣。

久而久之，同學們也不再找阿痞玩，甚至覺得跟他在一起，是件沒有面子的事情。

阿痞，跌落灰暗的深淵。

沉默安靜的阿痞

第一次我與阿痞在諮商室見面時，阿痞面無表情地看著我。

我向阿痞自我介紹，表達我對他的關心，他似懂非懂地點著頭。

在諮商中阿痞安靜沉默。前三次的諮商，他幾乎沒有開口說過話。總是低著頭，用點頭或搖頭來回答我的詢問。

有一次諮商，他終於開口說話了。

他擔心等一下下課後，還有一堆老師交待的功課要完成，這是他在諮商中唯一說過的話。

接著的諮商，阿痞偶爾會拿出帶來的學校作業，告訴我他下節課就需要繳交，他想要先寫作業。但是有太多題目他不會寫，希望我能夠幫助他一同完成。就在我們寫作業之間，我開始對阿痞的家庭有更多的了解。

破碎的家庭

原來，阿痞有個哥哥，父母所賺的錢不夠全家人使用。阿痞爸爸在工作中發生意外，從工地四樓的鷹架上摔落，雖然保住了生命，但也因此下半身癱瘓。事件發生三年多，爸爸到現在仍躺在醫院裡。

阿痞的媽媽為了養家活口，只能夠將哥哥暫時送到寄養家庭，同時身兼三份工作，凌晨五點起床送羊奶，早上八點到醫院做清潔打掃工作，七點下班之後，還要到小吃部陪客人喝酒到凌晨二點，才能拖著疲憊的身軀回家。

動盪不安的諮商歷程

某次諮商間，我瞥見阿痞手腕上的傷痕，原來他曾經做過傷害自己生命的割腕行為；第一次的割腕，是因為網友的起鬨，他因為好奇與同儕的壓力，因此做出了割腕的動作；第二次割腕，則是因為在學校又被老師指責他回罵三字經，被老師帶到訓導處訓斥。

一個人回到家中，面對著家徒四壁的房子，心情惡劣到極點，所以想要藉著手上的痛，來遺忘掉心裡的痛，雖然覺得不妥，但是並不覺得自我傷害具有相當的嚴重性。

我與阿痞討論聯繫家人、老師之必要性，阿痞央求著我不要與家人聯絡，以免心理壓力更大。我仍然溫和但堅定地告訴他，諮商保密原則的限制；並與他建立不自傷承諾，透過關懷與接納，幫助他了解自我傷害行為的嚴重性及傷害性；說明不自傷承諾的用意，與他討論承諾書的內容。阿痞承諾不再自我傷害，並簽妥同意書【註1】。

隨著諮商次數漸增，阿痞開始不再準時出現在諮商室，有時候甚至等了十幾、二十分鐘，我都等不到他的到來。於是我主動到阿痞的教室外，看到他就站在窗台邊低著頭專心地抄寫作業，絲毫沒有注意到周遭的事物。

我輕聲詢問老師，諮商時間沒有見到阿痞，不知道怎麼了，所以來找阿痞，老師瞥了我一眼，轉身大叫：「阿痞，去約會！」

接著又有一次阿痞老師當眾說：「我看他再怎麼諮商都沒有用了，最近還變本加厲地完全不寫功課，還會罵老師……」只見紅著眼眶的阿痞走出了教室。

阿痞變英雄

我嘗試找阿痞老師單獨晤談，真誠地要讓老師了解，我與老師同樣對阿痞的課業和學習的看重與關心，對於他這幾個禮拜以來仍然進步有限，我可以理解老師的擔心與困擾。

另一方面，我感受到阿痞很在意老師的觀感，老師的態度對阿痞有著相當大的影響【註2】。對於我的談話內容，阿痞老師仍然有許多的情緒與期待，但他也意識到，因為多次的失望，轉而絕望，甚至想要放棄的心態，對阿痞的問題是沒有幫助的。

為了讓系統能夠相互合作，我們召開了個案研討會議，請輔導主任、輔導老師、導師及家長參與會議，了解阿痞的自我傷害與師生衝突的問題，並討論因應與預防措施，同時協助阿痞建立其支持系統，請老師能夠給予適時關懷，並協助他人際適應的問題等。

同時由學校協助申請各項補助，減輕阿痞家的經濟負擔，讓他媽媽在經濟無後顧之憂下，每天至少花一個小時陪伴與關心他的狀況，並與導師不定期透過聯絡簿與電話做雙向溝通。

逐漸地，阿痞老師知道想要阿痞好，一味指責是沒有幫助的，唯有讓阿痞內心的孤單與學習的困難被聽懂了，也被接納了，他才會好起來。

我協助老師以阿痞的角度來看事情，相信可以更加貼近阿痞的內心。例如當阿痞說出：「我覺得家人都不了解我，我希望他們都不要管我」、「我每天日子過得很痛苦，我不知道還可以撐多久？」或「我是一個有汙點的人，沒有人會真心喜歡我……。」

阿痞老師跟媽媽反應，學校有免費的課輔班，可以將阿痞送到課輔班上課。慢慢地，阿痞感受到越來越多人的關注與了解，在諮商中，他開始出現了笑容。

諮商的第八、九次，阿痞第一次願意主動玩遊戲，從象棋到軍隊戰爭遊戲。阿痞再次透過遊戲向我敘說內心裡的紊亂與孤單，我也看到他漸漸不再出現自傷行為或是與老師衝突；我同理阿痞在面對家庭關係的失落，幫助他了解自己具有與人建立關係的能力，且逐漸地將重心自網路交友轉移到真實的人際互動。

在諮商的過程中，我詢問阿痞一些問題：

「你對於諮商談話有什麼期待？」

「你希望從談話中得到什麼？」

「如果老師可以幫助你，你最希望老師怎樣幫助你？」

「如果你可以改變自己，你希望自己變成一個什麼樣的人？」

阿痞對這些問題，沒有一一回答，但他內心知道自己要變成怎樣的一個人，我從他閃著光芒的雙眼，讀出了陽光即將到來的訊息。

阿痞結案了，就在我們諮商進行了20次之後，他不再是一位人見人厭的學生，他不再對老師惡言相向，也不缺席，不再出現傷害自己的行為；相反地，他因為矯健的身手，在一次放學途中，解救了正在遭受霸凌的同學，成為大家心目中的英雄。

輔導心語

對於這樣的問題行為，我思索著要如何幫助老師、阿痞與其家庭。多數的人認為有問題行為的個案，一定要給予懲處，加以改變，給予更嚴厲的規範等。我認為問題行為是個案的一種求助信號，唯有正確解讀個案問題行為的人，才知道如何去幫助個案。而這樣的問題行為背後一定有他的原因，是個案的重要他人需要去費心發掘的。

愛的註腳

【註1】保密的例外：當心理師評估案主有自殺或自傷的可能時，必須打破保密的限制，以預防傷害事件的發生。

【註2】當校園這個系統出現問題，呈現的症狀往往指向「學生」，成為系統的代罪羔羊（Identified Patient）。當系統出現問題，歸因通常指向弱勢的一方，例如家庭中的「孩子」、學校中的「學生」。因此，以「系統整合觀點」來處理學生的適應問題是重要的。

隨｜心｜筆｜記

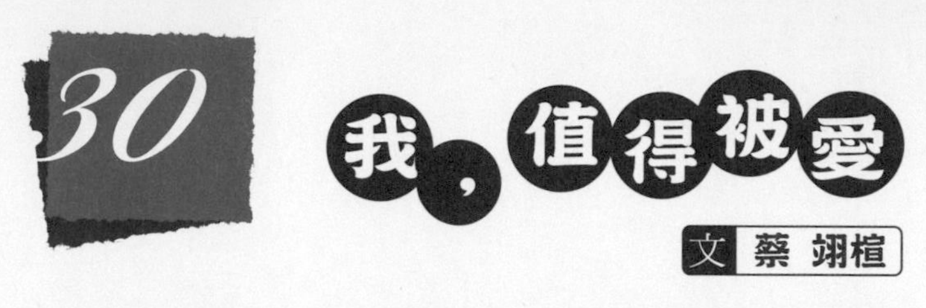

我，值得被愛

文 蔡翊楦

原來，我不是壞到無可救藥，我有這麼多優點，我真的值得被愛……

在還沒有肯定我自己值得被愛之前，我是班上導師王媽的眼中釘，我時常頂撞她、和她大聲爭吵，害她氣到快要中風。有一天，王媽終於受不了，決定要找別人治理我。

我人還沒走進輔導室，遠遠地就聽到王媽扯開嗓子，跟一個陌生人說話，內容當然繞著我所做的壞事打轉。

奇怪的是，那個陌生人竟然笑著說：「這的確是青少年會有的表現方式。」

這句話引起我對她的好奇，我心想：「這人真的會了解我嗎？」

我充滿疑惑走進輔導室，聽王媽說這陌生人是個「諮商師」，是專門輔導我的老師。雖然她對我露出友善的微笑，但在搞不清楚到底是敵是友的情況下，我照慣例地對她回報挑眉和冷酷的表情。

這就是我和蔡老師的第一次見面，也開啟了我了解自己值得被愛的心路歷程。

我是個十四歲的國二女生，大我四歲的哥哥相當優秀，中學時常包辦全校前三名，現在是國立大學的醫學院學生。而我的爸媽都在知名的大公司上班，爸爸在前兩年升上經理，媽媽則是外商銀行的員工。

但是，沒有人知道，這個外表光鮮亮麗的家庭，卻是讓我痛苦的最大來源。

哥哥的傑出表現，讓我在剛進到這個學校時就「備受期待」，甚至有老師曾直言告訴我：「要像妳哥一樣，別讓他丟臉喔！」

管我管很多的爸爸，更是常常拿哥哥的成績來壓我，動不動就跟我說：「考不好就是沒用的人。」至於我媽呢？她從起先的碎碎唸，到最後完全不搭理我，現在跟她講什麼，都好像我自個兒在喃喃自語。

待在這個只看得到成績的家，我真的如身在地獄般痛苦。我也很想像哥哥一樣厲害，有好成績就不用一直被「釘」了。

但是這個夢想任憑我再努力也做不到，考了幾次試後，我認清這個事實，我不是讀書的料，只有我身邊的大人們一直不肯接受這個事實，每天只會要求我唸書和考試，根本不在乎我到底做不做得到。

我受夠老師們對我的「另眼相待」，決定不再為了學校的成績煩惱。

我開始和同學在上課時聊天打屁，對無聊的課大聲說出不滿，還故意戲弄師長，看到他們傻眼的表情，還有被嗆聲而無言以對的臉，讓我覺得學校生活有趣許多。

上王媽的課時，我會為了報復她管我，故意講些五四三的話氣她，不想理她時，我就睡覺打發時間。王媽被我氣到沒辦法，先把我找去訓導處，讓我被訓導主任臭罵一頓，害我被記過。罰完後，我依然故我，王媽只好到輔導室去求援。

輔導老師約我去聊了四、五次後，就突然出現一名諮商師說要幫忙我。

在我眼裡，大人只會管我到底有沒有唸書、有沒有考好，這些人來幾個還不是一樣。但奇怪的事情發生了！這個要我稱呼她為「蔡老師」或「任何我喜歡的名字」的人，竟然沒有被我的酷樣嚇到，在我冷漠回她的時候，她還能自己講一堆話。

尤其是她曾提到如果她是我，一定也會覺得王媽很不讓人喜歡。我原本想跟討厭其他大人一樣討厭她的，但是她的不逼迫和尊重，讓我討厭不起來。

她跟我約每星期見一次面，在第一次談完發現她很奇特之後，每次與她見面都充滿了驚喜。

諮商師不在乎我考試成績如何，也不會管我到底想不想要唸書。而且在第二次談話時還問我，如果有奇蹟發生的話，我會希望有什麼不一樣的生活？我會希望生活有什麼改變【註1】？

從來沒有人問過我這樣的問題，所以我想了很久才回答出來。

我告訴她說：「我希望大人們不要一直管我的功課，我希望爸媽多花點時間陪我而不是賺錢，我希望老師不要只把我當成『某某的妹妹』，我希望大人們接受我的好朋友，我希望大人注意到除了唸書之外，我應該也有做得很好的地方，我希望我在畫畫方面多加發揮……」

諮商師在聽完我的願望後，關心地問我怎麼在沒有家人支持的情況下，努力地撐過來【註2】？她說她很欣賞我對自己能力的了解，看到我正努力尋找適合自己生活的方式，她覺得我有很好的觀察力和勇氣。

與諮商師的談話，我才知道自己原來有這些很棒的能力，這是大人從來不曾告訴我的事情，我對此感到驚訝不已。她還發現我並不是每天都跟王媽吵架，我們找到好多和王媽和平相處的例子【註3】。

我不但因此看到自己的能力，也知道自己只是需要調整行為，我並不是壞到無可救藥。

我們在見面四次後，她說要找爸媽和老師來談，我起先很緊張地想拒絕，但我也想聽聽他們對我這陣子努力的看法，後來還是鼓起勇氣答應了。

諮商師依照約定沒有把我說的祕密說出來，還在我和爸媽一起晤談時，把談話的重點放在大家的努力上。

這不但沒有造成我和爸媽的戰爭，讓他們開始思考除了考試之外，還應該對我哪些好的表現提出肯定。

至於王媽的部分，諮商師讓我了解自己有控制情緒、脾氣的能力，我並不是只會一味頂撞王媽。諮商師也要王媽鼓勵我的繪畫能力，和王媽找到適合的相處方式後，我也不需要故意找她或其他老師麻煩。

在十五次的晤談中，我開始了解自己有很多值得被肯定的地方。更重要的是，當我開始學會肯定自己，別人也會開始看到這些很讚的部分！雖然我偶爾還是會跟老師吵架、會氣家人管太多，但我已經能了解他們的用心，我也對未來的改變之路更有信心。

原來，我不是壞到無可救藥，我有這麼多優點，我真的值得被愛。

輔導心語

教化孩子的角色時常讓我們「愛之深責之切」，有時會因為關心和擔心而在管教態度上顯得強硬，但這並不適用於所有的孩子。如果能了解孩子的想法，並試著從不一樣的眼光中找出對孩子的正向觀點，反而可能造成雙贏的效果呢！

愛的註腳

【註1】此為焦點解決短期治療（Solution-Focused Brief Therapy，簡稱SFBT）的奇蹟問句（miracle question）。利用「奇蹟如果發生了」的問句，暗示問題會有解決的一天，引導學生找出可以進行的改變方式，以增強其解決問題的信心。

【註2】此為SFBT的因應問句（coping question），協助學生看到自己存在的潛力，以提供問題解決的參考方式。

【註3】此為SFBT的重要概念和技巧——「尋找例外經驗」：心理師透過問句引導學生找出相同情境中，衝突未發生或較不嚴重的例子，使學生發現有正向解決方法的可能。

31 阿雅的轉變

文 張瓊文

王老師氣急敗壞地衝進學務處，辦公室的人一看到他生氣的模樣，就猜到他們班的大姊頭——阿雅小姐，八成又鬧事了。

他激動地邊說邊拍著桌子，說阿雅又率眾欺負隔壁班同學，二年級教室外的走廊現在鬧成一團。

生教組長站起來安撫他，請主任先跟王老師了解狀況，然後走到二年愛班教室去平息混亂。

主任看王老師臉色鐵青，氣得全身發抖，趕緊泡上一杯烏龍茶給他安安神，勸他不要跟學生大動肝火。

王老師生氣地兩手一攤說：「你要我怎麼辦？現在又不能體罰學生，我只能盡量制止。但是你看到結果了，跟這些學生講道理有用嗎？」

隔天，學務主任在行政會報向校長報告二年愛班師生衝突的情形。

其實一開始的時候，王老師和阿雅並沒有這麼不對盤。

王老師向來都是十分盡責的導師，一年級時甚至還幫家境清寒的阿雅申請補助。由於阿雅的父母年邁又生病，家中沒有固定收入，所以她利用下課時間打零工，到校時常常上課打瞌睡，又不繳作業，讓各科老師傷透腦筋。

剛開始王老師都會苦口婆心規勸，經過一段時間的督促叮嚀，阿雅卻一點都沒有改善，成績每下愈況。

王老師終於有一天破口大罵，當著全班同學的面前批評她：「你爸媽年紀都這麼大了，妳卻不知長進，真是不孝！」

這一罵，罵出了師生之間難以修補的裂痕。

雖然功課表現不佳，但是阿雅的人緣相當不錯，常常幫同學排解糾紛，班上的同學對她都很服氣。所以，當阿雅開始表現出不滿與反抗老師的行為時，同學多選擇站在她這邊，一起抵制班導，或是不遵從規範。這樣一來，班上的秩序與交作業情形更加糟糕，三天兩頭就把老師氣得冒煙。

後來班上的狀況每下愈況，最後變成惡性循環，對哪一方都沒有好處，還牽扯到周圍其他班級，把二年級鬧得雞飛狗跳，很不安寧。老師一天到晚到學務處訴苦，也令主任與生教組長傷透腦筋。

「不如讓我們開一下個案會議，為這個班級安排輔導人員來協助吧！」輔導主任提出建議。

大家一致同意這個方法，決定兩天後召開個案會議，邀請導師、家長、諮商師及輔導老師們一起參加，形成一個合作的團隊，共同商議策略。

阿雅的父母在會議中，自責對孩子的行為缺乏約束力，也不太能提供足夠的物質、支持，讓孩子好好補習唸書，過份縱容她的結果，就是讓她越來越無法無天。可是，他們已經束手無策，實在不知道如何轉變教養方式。

諮商師當場提醒父母，阿雅還不到法定可以工讀的年紀，非法打工既無保障，又對學習影響甚鉅，當務之急就是讓她盡快回歸學生的作息與生活，父母同意配合。

諮商師喚起王老師當初想協助阿雅的美意，老師認為她從來不是一個特別壞、特別調皮的孩子，只是自尊心特別強而已。

王老師說，根據自己以往教書的經驗，針對這一類型的孩子，如果能盡量在別人面前肯定她、強化她的優點，私下再針對她的缺點，予以調整修正，通常都會有不錯的成效。這一次，他忽略阿雅本身的個性，原本想用強硬的方式，逼迫她盡速步上軌道，沒想到欲速則不達，越來越麻煩。

王老師同意與諮商師合作，盡量修飾自己的脾氣，先緩和與學生的關係，創造合作的班級氛圍【註1】。

另一方面，諮商師運用了一點策略，以解釋心理測驗的結果為理由，邀請阿雅來談。諮商師事先蒐集了阿雅從國小開始各項優良表現，搭配「我喜歡做的事」測驗的結果，讓阿雅能針對她有興趣的事物暢所欲言，再慢慢引導她談到學校生活。

果不其然，阿雅嘟嘴抱怨班導一直找她麻煩，她說：

「好像做什麼事情都不順導師的心意，一天到晚找我們麻煩。」

諮商師認同阿雅的心情，對她在學校的困難處境表達理解，與她深談，了解她想要改變目前處境的願望【註2】。

諮商師心想，既然老師和學生都想要改變他們的處境，正好可以順水推舟，只要找到兩個人可以對話的平台就好了。

沒多久，機會來了。

王老師家中有事請假一陣子，他很擔心班上會一團混亂。跟諮商師商議之後，王老師決定利用中午的時間找阿雅來談，請阿雅發揮影響力，協助維持班級的秩序。阿雅對於老師的請求，覺得非常詫異，還好事前諮商師已經與她討論過與班導和好的可能性，她心裡已經原諒老師，而且看到班導誠懇地表達需要幫忙，她向老師點點頭表示願意試試看。

等老師銷假回學校的時候，從同事口中得知班上這兩週竟然非常守秩序，阿雅跟班長合作，一個當黑臉、一個當白臉，把班上打點得很好，甚至還得到全年級整潔秩序比賽的週冠軍，王老師心想真是不可思議，卻也打從心底感謝阿雅的配合幫忙。

「把大姊頭教好，說不定可以變成英雄哩！」在辦公室裡，學務主任再一次拍拍王老師的肩膀，隨手遞過一杯好喝的烏龍茶【註3】。

王老師微笑地接過茶杯，聞著飄出的茶香說：「再苦澀的茶葉，經過熱水沖泡，都是好茶一杯。」

輔導心語

每個孩子都有其獨特性，了解所需所想，勝過以行為否定其個人價值，沉住氣、靜待良好時機，找出每個生命的優點，協助其自我覺察，以善代惡，創造和諧雙贏的師生關係。

愛的註腳

【註1】在師生溝通時，盡量避免說教、譏諷、訓誡、斥責、嘮叨、警告、威脅、翻舊帳等負面的溝通方式，因此諮商師協助導師控制情緒、就事論事、積極傾聽與鼓勵讚美等正向溝通方式。

【註2】運用傾聽同理的方式，協助學生宣洩情緒，再引導學生表達需求與期待，進一步朝目標的方向努力。

【註3】師生衝突問題的解決不單是教師個人的議題，成功化解師生衝突不僅有益於班級氣氛及授課品質，也能提升學生的適應發展及教師的心理健康。

化危機為轉機

文 張麗鳳

第一次月考後的一天，有名導師著急地到諮商室向我求援，因為下午第一節時他班上的學生與數學老師發生衝突。當時數學老師走進教室，正準備要上課時，卻發現全班竟然還在夢周公，他語氣不悅地叫醒學生，還是有幾位學生睡得深沉，叫都叫不醒。

數學老師氣沖沖地走到這幾位學生的桌前，雙手用力拍打桌子，對還在睡的學生大聲斥喝：「你們還睡，你們再睡就真的完蛋了！月考考成這樣，你們還有資格睡啊！」

此時這一位學生睡眼惺忪地，抬頭瞧瞧數學老師，回嘴說：「我很累啊，我就是很想睡啊！」

數學老師聽不清楚再問一遍：「你說什麼啊？」

學生又再說了一遍，老師還是聽不清他的模糊語音，又再問一遍。

此時，坐在後面的學生開始大聲回嗆老師：「你沒聽到他說很累嗎？你耳聾嗎？」

部分學生也跟著起哄，一同發出噓聲，這時老師在學生回嗆與噓聲下，再也無法容忍，頓時大發雷霆，將書本重重地甩丟在講桌上，氣急敗壞衝出教室，憤怒地丟下一句話：「我不教了，我不教你們班了！這樣的班級我哪教得下去！」

此時學生們被突如其來的師生劍拔弩張的衝突嚇到

了，緊急報告導師，導師也不知該如何處理，於是向諮商師求助。

我問清楚事情發生的來龍去脈後，到班上去進行師生衝突的團體輔導。

我一走入這個班級，學生立刻很敏感地知道我的來意，有位學生扯開喉嚨說：「我們這個數學老師常常責罵我們，我們在他眼中像笨蛋一樣，輔導有用嗎？他都不教我們了，我們也不想向他道歉！」

我對同學們說：「如果是我遭受老師的斥責，心中當然也會相當火大，特別是中午睡得正熟時。不過，如果我是被嗆的老師，我一樣也會覺得委屈與生氣啊！」

接著，我挑戰學生們說：「在你們的一生中，我保證你們還會碰到許多強勢的威權人物。但是我看到你們對權威只有一招，就是硬碰硬——嗆回去，結果弄到兩敗俱傷，這樣對你們有什麼好處嗎？你們看，現在老師不教你們了，你們還得去道歉。所以對付威權不能只有一招，一招是不夠用的，這樣是行不通的！你們都這麼大了，也這麼聰明，想想看有沒有其他更好的方法、策略，可以化解危機，而不會導致衝突？讓我們大家來腦力激盪一下！」

學生聽了我這一番話，頓時安靜了下來，全班陷入一片沉思。

最後顯然他們聽進去了，學生們陸續想出許多面對老師生氣的策略，比方：請班長趕緊去倒一杯水讓老師先消消氣。或者派代表先向老師道歉，說大家都睡得太沉了；或者有同學跟老師打哈哈、插科打諢，說些笑話，平息老師的怒火；也有同學建議，可以當場討好老師一番，向數學老師表達「謝謝老師為我們的成績而著急擔心」等。

在學生熱烈回應下，我趕緊肯定他們的智慧，接下來請大家繼續商量，如果去向老師道歉又可以用什麼策略?

學生後來真的去向數學老師道歉，他看到學生們誠懇地說對不起，欣然接受。

他語氣溫和地說：「事實上，我的語氣也不好啦！這件事就算了吧，你們要好好用功，這才是我真正的用意啊！」

過了幾天，導師很高興地拿了學生寫的生活週記來感謝我。

一名學生在週記裡如此寫道：「今天我上了高中三年最寶貴的一課！我第一次學到如何與權威互動的智慧與策略，這是課本裡沒教我們的！我相信我以後一定會碰到權威人物，或許就是大學教授或老闆，我希望我可以更有智慧地選擇好的策略來因應，而不要硬碰硬付出慘痛的代價啊！」

我在走廊上，看著正在上數學課的學生們，老師和學生早已忘了那次的不愉快，師生們歡樂的話語，飄送到我的耳裡。

我想，「這真的是寶貴的一課，用任何金銀珠寶都買不到的一課！」

輔導心語

青少年血氣方剛很容易與權威起衝突，而我們在教學時也很少有機會教導學生如何面對權威的策略，就像心理劇中的「角色目錄」【註1】概念，強調我們需要學習多元而有彈性的角色。

家族治療大師Virginia Satir也強調人際溝通模式【註2】，並不總是要表裡一致，表裡一致只在值得信賴的親近關係中行得通，很多時候我們面對的是有利害關係與權力不對等的上下隸屬關係，若只有表裡一致【註3】地將心底的話一吐而出，容易造成衝突或惹禍上身。

要化解這樣的危機，要因時、因地、因人而制宜，彈性地運用不一致的溝通，如打岔（幽默）、討好、冷靜地說道理、指責等，是必要的溝通策略。

愛的註腳

【註1】角色目錄：心理劇透過角色扮演方式使成員不固著在某一個角色（如順從討好），而能擴展其角色目錄（如能爭取應有的權益、能適時婉拒他人的要求），學習彈性而多元的人際溝通模式。

【註2】人際溝通模式：Satir認為我們的人際溝通模式是從原生家庭學來的，會影響成長後的人際關係。

【註3】表裡一致：Satir發展出五種主要的人際溝通模式，分別為：打岔（幽默）、討好、超理智、指責與一致等五種類型，其中一致型是指內在的感受、想法及肢體語言與表達出來的話語一致。

隨｜心｜筆｜記

33 小安的祕密基地

文 劉怡伶

第一次與小安見面，他很不耐煩，一直表示很想回家睡覺，對於我的問話愛理不理，直到我聊到網路遊戲，他的眼睛為之一亮，開始願意跟我聊天。

我藉由這個他有興趣的話題，衍生出「你喜歡玩哪些遊戲？想扮演什麼角色？花多久時間練遊戲」等問題，讓我們之間的距離，一下子縮短不少。

我翻開小安的資料，他國小五年級，對學校老師來說，是個大麻煩，上課時不是睡覺就是跑出教室，甚至常常吵著要回家。

小安還曾經試圖翻牆逃出學校，被老師發現，他竟然大發雷霆，還拳打腳踢，作勢要打老師的模樣。

小安的家庭狀況並不好，爸爸在外地工作，一年難得回家幾次，小安與媽媽、奶奶同住，媽媽於一年前因病過世，奶奶輕微中風，平常很疼小安，對孫子的要求總是來者不拒，讓小安養成了稍有不順就大發脾氣的習慣。

學校老師試著與奶奶溝通，希望請奶奶多加管教，奶奶總是說：「我老了，我管不動。」讓老師十分無奈。

我花了很長時間與小安建立良好的互動關係，有時他會整節課都躺在遊戲室的地板上，無所事事，我不會強迫他做什麼，我知道對這樣的孩子要多付出耐心。

過了幾個禮拜後，有一次晤談時，小安突然告訴我，他在校園有個「祕密基地」，我以好奇探索的角度予以回應，他主動邀請我一起去看看。

那是個校園中一個寧靜的小角落，我發現小安在他的「祕密基地」裡，顯得怡然自得。我稍做評估後，決定在「祕密基地」進行更深度的晤談。

小安說，每當他心情不好或想到家人時，就會跑到這個地方，抬頭看看天空的雲，通常這樣會讓他感到平靜。

進一步談話後，我發現小安對於媽媽過世一事，內心累積了很多巨大的情緒，從來沒機會宣洩出來，因為沒有人與他談論這件事。

接下來的幾次晤談，我利用相關的媒材，如失落主題的繪本、情緒卡、蠟筆等，引導小安談論他對媽媽過世一事的感覺、情緒、想法等【註1】。

小安說，自己偶爾會想到媽媽，也會擔心奶奶的近況，所以常常想回家。另外，我也發現他之所以不喜歡待在教室，是因為同學的吵鬧聲讓他覺得情緒煩躁、手足無措。這時，他就會跑到「祕密基地」躲著，或請假回家。

在與小安接觸的同時，我也定期與導師聯絡，除了讓老師知道小安的狀況，也將小安的進步及我觀察到的良好特質回饋給老師。

一開始，導師雖然對小安感到不滿且無奈，經過一段時間後，導師慢慢能了解小安出現這些行為的原因，更知道如何與他相處。

漸漸地，導師也能接納並欣賞小安良善的特質【註2】，小安可能也因為老師態度的轉變，逐漸願意與導師建立互動關係，兩人發展出正向的師生關係。

有時，小安仍會吵著要回家或不想上課，這時導師會用溫和但堅定的方式與小安「談條件」或進行設限【註3】，導師表示，這樣的方式似乎小安也能接受。

就這樣，一學期過去了，小安的情緒從原本的不穩定、易怒、具攻擊傾向，逐漸穩定下來，與導師的關係好轉，後來甚至變得喜歡與老師聊天、談心事，老師偶爾也會指派小安完成小任務，進而給予肯定，增加他的自信與成就感。

最近，我到學校進行結案追蹤時，向小安問候他的近況，以及最近與老師的相處情形。

小安說：「全校裡面，我最喜歡的就是我們老師了，雖然他有時候會不准我做這個做那個，但我知道他是為我好，最重要的是，不管我跟他講什麼，他都願意傾聽，老師也很了解我，我喜歡跟他聊天！」

我順道走過小安帶我去的「祕密基地」，那裡早已空無一人，看來小安不再需要「祕密基地」了，他已能放開

心房與老師同學們融洽相處，對他們來說，小安已經不再是壞小孩。

小安走出「祕密基地」，迎向生命中更燦爛的陽光。

輔導心語

孩子的行為可能是內在情緒的一種表現，在了解了小安的狀況後，我第一個想到的是他的母親過世了，但他卻沒有機會把內心的情緒感受表達出來。當青少年遇到生命中的失落事件時，有時會以憤怒、攻擊等強烈的方式來表達哀傷或無力的情緒感受，若身邊的大人們能察覺孩子的狀況，以包容的態度給予關心，或能陪伴孩子走出悲傷失落。

在這次與小安及導師接觸的過程中，我發現一開始可藉由孩子有興趣的議題，例如：網路線上遊戲、運動、電視節目等話題，慢慢拉近與孩子之間的距離，而建立良好且信任的關係，將有助於之後的互動，當孩子越來越重視兩人的關係後，他才會願意打開心房，也較願意聽聽老師的意見。

小安導師的用心與彈性，他願意接納小安的「特別」，不斷試著接近小安，雖然偶有挫折與憤怒的情緒，但總會以有原則且富彈性的態度來面對小安，這樣的態度不但讓小安改變了原本不穩定的情緒與態度，也讓他逐漸學習接受規範，並在學校生活中得到一些肯定與成就感。

我相信，在一般的學校裡，像小安這樣的孩子並不少見，有時在一個班級中，總會有幾個令老師特別頭大的學生，但如果老師們能試著以不同的角度來看待他們，以不同的態度來面對他們，就會發現這些特別的學生其實並不壞，而且若能給他們適當的引導與機會，說不定他們還能成為老師的好幫手哦！

愛的註腳

【註1】哀傷輔導：針對經歷失落事件的孩子，諮商師引導抒發自己的情緒，並同理正常的哀傷反應。

【註2】有些老師誤會接納等於贊同孩子的行為，但接納應該是針對孩子的情緒而非認同其行為。

【註3】設限的三個步驟為：一、指出孩子的感受：「我知道你因不能回家而覺得很生氣。」；二、陳述限制：「但現在還沒到放學回家的時候，所以還不能離開學校。」；三、提供可行之道：「你如果覺得很煩，可以先到教室後面的閱讀區坐一下。」

變調的甜蜜家庭

小玫的父親是個ＥＱ不好的人，只要生活不如意，就常對著小玫姐弟拳腳相向。小玫常被打得莫名其妙，心中對父親的怨恨一點點累積。但她年紀小無力反抗，只能默默承受。

所幸，小玫遭受家暴的狀況被老師發現，進行通報後，已得到法律與社工的保護與協助。

最近小玫父親健康亮起紅燈，力氣大不如前，家暴的狀況減少許多。但小玫肩上的負擔，卻越來越沈重。

小玫母親罹患癌症，她必須陪著母親至醫院治療，只好向學校請假，一個年僅十四歲的孩子，卻已承受許多大人都未曾面臨過的壓力。

家中如此不幸，小玫在學校裡還遭遇不少問題。

原來小玫看不慣別班同學小芳自以為是的行為，將自己的不滿和同班好友分享，消息傳到小芳耳中，向小玫的導師告狀，導師硬是要求小玫要向小芳道歉。

小玫覺得自己沒有錯，態度強硬不肯低頭，導師憤而將小玫送至學務處，學務主任軟硬兼施，小玫依然不肯屈從，雙方僵持不下，只好將小玫轉介至輔導室。

和小玫的相處，開始於一片靜默中。

當時小玫的情緒尚未平復，我決定讓她平靜原先激動的情緒。我試著慢慢接納她的說法，帶著同理心去了解她，她被朋友背叛的失望和憤怒，以及被師長責怪的生氣及不滿。

小玫漸漸對我敞開了心房，訴說對整件事情的看法與感受，她覺得自己沒有錯，只是私底下很直接向朋友表達對於小芳的看法，為什麼就要被老師跟主任罵，還要被叫來輔導室，她覺得心情很差。

開啟心之旅

在晤談中，我了解小玫個性很衝、很直，別人對她好，她也會對別人好，別人惹到她，她也絕對不會給對方好過。

小玫回想小時候和弟弟發生爭吵，因過於生氣而失去理智，竟拿鉛筆刺弟弟的手。如此暴力的舉動，小玫自己非常的訝異，不知道為何自己會做出這樣的事，也有點嚇傻了。

小玫回憶起這段往事時，可以感覺到她的懊悔，不過還是常因為太衝動而做出一些傷害到他人的事，導致她跟同學的關係不佳。

小玫也對導師十分不滿，覺得老師一直找她麻煩，每次前來晤談，她習慣先抱怨一番，我總是專注地聽著小玫訴說【註1】。

我說：「被老師找碴，我想沒有人會開心，但是在哪些狀況下，老師不會對妳不滿呢【註2】？」

她無可奈何攤著雙手說：「我哪知道，我又沒有怎樣，是老師一直愛找麻煩！」

我看著她的雙眼說：「妳剛剛說老師一直愛找麻煩，他是每分每秒都這樣子對待妳嗎？有沒有什麼時候，你們是可以相安無事的呢？」

小玫終於想到與老師也有平安無事的時刻。她說：「老師也不是隨時隨地都對我很不好啊，上課時間我們還是可以和平相處的！」

接著我一連問了兩個問題：「在上課時間，妳是怎麼成功地讓老師感覺到妳有在聽他講課呢？」、「相反地，什麼樣的情況下妳會讓老師覺得自己說的話完全沒有被接受呢？」

就這樣我和小玫一同探索，才發現原來有時她無心的舉動，可能會讓老師誤會。比方導師在跟她說話時，她的頭總是低低的，感覺就像是沒在聽一樣；或是說話的態度太過於輕率，就會讓師長覺得不受尊重。

有時我會讓小玫進行角色扮演【註3】，讓她體會師生互動中老師的感受。我揣摩她的口吻，開始和她進行對話，然後分享彼此的看法與感受。

小玫有時會覺得很有趣，並抗議她哪有這樣做，就在輕鬆互動的狀態下，小玫慢慢察覺出可以修正的地方，並

帶刺小玫瑰重生記

表示她會試著調整自己。

有時我也會和小玫分享一些不錯的文章，像吳淡如所寫的〈寬恕是對自己的仁慈〉，先請她回家好好閱讀後，記下自己的心得感想，再來和我討論，希望解開小玫心中的結。

她對於這個事件中，朋友走漏消息害她被罵一事，內心仍然耿耿於懷，總想著要怎樣給對方難看，心中充滿負面的想法與情緒，這樣的小玫非常不快樂。

剛好，小玫看了連續劇「還珠格格」中的一段劇情，她告訴我有句話讓她覺得非常有感覺，那就是「人生最大的美德是饒恕」，雖然很不容易做到，她會好好記住這句話，並進一步去實踐。

小玫終於走過驚濤駭浪的青春歲月，看似叛逆的女孩，其實有顆纖細敏感的心以及堅忍的意志力。

她在不美滿的家庭中努力成長、在不喜歡的學校環境中，鼓勵自己堅持下去，沒有成為命運的逃兵，這樣的勇氣與決心值得被肯定，很高興我有這樣的機會陪伴小玫走過她的一小段人生。

開始見到小玫時，感覺她的個性猶如帶刺的小玫瑰，如今經過晤談開導，這些玫瑰花梗上的刺，雖然無法馬上掉落，但花瓣開得更加亮麗了，遮掩了昔日惹事生非的玫瑰刺。

我深深祝福小玫越來越平安快樂，生活中的壓力恐懼可以漸漸消散，一步步邁向她未來的新生命。

輔導心語

在和小玫接觸的過程中，其實讓我感觸良多，一個十四歲的孩子面對家暴的威脅，心中的無奈與憤恨可想而知，長久耳濡目染下，難怪其個性會衝動直接，因為她並沒有機會學習用其他更好的方式來解決問題。要和小玫建立起良好的關係，需要很多的耐心與包容，真誠地對待並循循善誘。很高興後來小玫已經開始懂得調適心情與想法，也會站在他人的角度思考。

愛的註腳

【註1】專注傾聽：學生的想法、感受很少有機會表達、被聽見。因此，在與學生晤談時，專注地傾聽，在安全的環境下，讓學生可以暢所欲言，使長久累積的情緒得以宣洩。

【註2】例外問句：心理師透過問句引導學生找出相同情境中，衝突未發生或較不嚴重的情形。

【註3】角色扮演：藉由角色互換，讓小玫體會他人的心情及感受，使她了解人際互動過程中，過於直接的批評及挑釁的態度，都可能會引起對方的負向情緒，而無法有效溝通並造成誤會。藉由角色扮演的過程，協助小玫發展適切的人際互動技巧。

隨｜心｜筆｜記

的媽媽

單元 5 情緒篇

在我們堅強的外表下
每個人都有百轉千折的
心情
可能你是想開口的阿翔
或是戴上假面的小狼
甚至宣稱自己不是笨蛋
總是那麼那麼地
渴望別人的關心

只要重新有個心的開始
勇敢地往外面的世界
跨出任何一步
都是回家的第一步

讓我們撒播希望的種籽
讓它們遍地發芽
我們將有一對堅實的翅膀
飛向自己廣闊的
天空

剛開學的校園鬧哄哄，學生們在走廊上奔跑嬉戲。阿班一個人的身影，顯得格外孤單。

阿班是一個原住民轉學生，八八水災奪走他的家園，土石流淹沒他從小長大的村莊，山上的好友也有很多人從此天人永隔，他的心情沉重。

他到新班級才一個星期，因為身分特殊，班導師出於善意，希望輔導室能協助阿班處理失落的議題，好盡早適應這個都市學校的環境。

轉介單上的資料只有幾行字，我坐在諮商室裡，一邊整理帶來的媒材，一邊等候阿班的到來。

鐘聲響後不久，傳來急促的敲門聲，一打開門便看見一個壯碩黝黑的男孩站在門邊。

我主動和他打招呼：「阿班，你好。我是梅地老師，你知道我們今天會見面嗎？」

「噢……喔！」他吐出一口氣。

我們一起坐了下來，阿班兩眼瞪著桌上琳瑯滿目的美術媒材。窗外原先亂哄哄的聲音，也因為上課鐘響而平息了下來。

「我知道你從災區來，剛搬到這個新環境，很多事情應該還在適應吧？」

雖然有些擔心，怕問了令他無法承受的事情，我還是決定直接了當地切入重點。

「你的家人好嗎？」我盡可能用溫和的語氣問他。

他的眼睛從桌上移了開來，第一次和我的目光有了交集。

這時我才真的看清楚他的臉，亮晶晶的古銅色皮膚，襯托著圓滾滾的黑眼珠。

「喔，還好。」阿班簡短地回答，然後他回問了我一句：「我們在這裡要做什麼？」

我專注地看著阿班的臉，希望找出他言語背後真正的情緒。

我說：「梅地老師知道你剛轉進來，離開原本的家和朋友，想看看有沒有什麼可以幫忙的。」

「喔，我的家和朋友都被活埋了。」阿班沉穩的語調，彷彿述說久遠的故事。

暑假期間，阿班剛好和家人出遊，躲過了這場災難。

不過，阿班沒來得及和朋友說再見，也沒能從家裡拿出任何可以和這些回憶接續的東西，整個家及大部分的朋友，就被土石流埋在地底下，阿班沒能對此表達任何感受，只能複製新聞報導以及大人們告訴他的「事實」。

為了避免自己變成調查員，不斷用問句蒐集證據，我想幫助阿班整合自己的想法和感受，藉著他自己身體的動作，喚起個人的控制感，讓他有機會表達自己【註1】。

我想製作有結構性的心願娃娃【註2】，讓阿班藉此悼念他的朋友，並擁有一個得以和過去接續的窗口。

「這些顏色你最喜歡哪一個？」我邀請阿班從十二色的色鉛筆盒中，選出最喜愛的顏色，他雖然帶點疑惑但很快地選了綠色。我也讓他從不同顏色的紙張中，挑選自己喜歡的一個。我得以觀察他的療癒色彩和現實感。

隨即我以特別正式且慎重的口吻向阿班說：「現在，我要你拿剛剛選的筆，很用心地寫下你好朋友的名字，和你目前最大的心願，寫完以後簽上你的名字和今天的日期。」

我不需要知道阿班的好朋友是誰，也不急於知道他的願望，我提供一個機會讓他去想、去寫、去走他自己的歷程。

我靜靜地待在一旁讓他可以不受打擾。阿班沒有看我，我想他開始啟動了這個歷程。

「寫完之後，你可以像我一樣把紙包進這塊布裡，這就是心願娃娃的頭，娃娃的腦袋裡有你的祕密……」

我拿了桌上兩塊方形的布料，一個遞給阿班，一個留著示範並解釋如何進行的步驟。

我將四、五捆不同花色的毛線球一一擺出，讓阿班可以照自己的意思，將不同的毛線纏繞在布料上，藉此塑造出心願娃娃的頸部、軀幹與四肢。

「嗯，這個跟晴天娃娃有點像喔，我以前有做過。」阿班一面說，一面將毛線纏在花布料上，他似乎想起過去的一些生活趣事，臉上有了些微的笑容。

「一開始的時候，是有點像，但是你可以決定你的娃娃的胖瘦，也可以決定他身上的顏色，最棒的是，他的身體裡還有你的願望。這個願望放在這裡很安全，不會有任何危險。」

安全和控制感是我想特別強調的。

阿班專注地製作娃娃，娃娃的身體在他的努力下漸漸有了雛形。我和他交談的時間不多，但我感覺這些毛線，正悄悄地把我和阿班連繫在一起【註3】。

下課鐘聲像開關一般，把校園的聲音再次打開了。

阿班放下手中的創作，抬起頭問我：「我下次還能來嗎？」

我點點頭回答：「嗯，當然，我下次一樣會在這裡等你。」

阿班和我確認時間後，將未完成的娃娃放進儲藏室的抽屜裡，並在抽屜外面簡單地做了一個記號。

「這是我離開老家後第一個自己的東西！」， 阿班低聲地說。

我們彼此交換了一個眼神。

我想，阿班剛跨出回家的第一步。

輔導心語

藝術治療師Melinda Meyer曾經把身體比喻成房子，說明每個人的身體裡都有一個家，在受到巨大的迫害下，身體這個房子承受了太多痛苦的回憶，為了保護自己，個案選擇關掉感覺或是搬離身體。

八八水災發生時，阿班沒有目睹或親身經歷，然而一夜之間，他失去了家園，失去了朋友，好像故事書看到一半，突然被硬生生地翻頁。阿班在我們會面的期間曾說：「我告訴過自己，只要不要去想就會忘記。」但如同Terr（1990）所說：「傷通常不會自己變好，它會深深地鑽進創傷孩子的防護系統跟處理技巧。」

上鎖的記憶並不會消失，它會用不同形式侵襲孩子的心。Meyer認為回家的第一步，就是讓凝結的記憶重新流動，我的工作便是運用表達性治療協助阿班，在安全結構的環境，在創作中找到控制感，在儀式化的引導下帶領他獲得重整的感覺，回到自己身體的家。

情緒篇

愛的註腳

【註1】藝術治療是一種結合創造性藝術表達和心理治療的助人專業。藝術治療工作者提供一個安全而完善的空間，與案主建立互信的治療關係。案主在治療關係中，透過藝術媒材，從事視覺心象的創造性藝術表達，藉此心象表達，反映與統整個人的發展、能力、人格、興趣、意念、潛意識與內心的情感狀態。在治療關係中的表達經驗和作品呈現出來的回饋，具有發展（成長）、預防、診斷和治療功能。個人情感、問題、潛能與潛意識在治療關係中被發掘與體悟，進而得以在治療關係中加以解決與處理，幫助個案達至自我了解、調和情緒、改善社會技能、提升行為管理和問題解決的能力，促進自我轉變與成長、人格統整及潛能發展（資料來源：台灣藝術治療學會網站）。

【註2】利用結構化的創作引導，可以降低個案的不安與焦慮，透過此具體的形象創作，個案得以統整自己的情感和意念，在有結構的創作活動下重拾安全與控制感。

【註3】藝術創作可以喚起個案的感官知能，治療師除了可以從創作過程中評估個案的狀態外，也可以獲得個案的潛意識素材，讓個案較不感威脅，並能保有自己需要的防衛機轉。

36 我不是笨蛋

文 李秉倫

小葉是一個三年級的小男生，爸爸媽媽在他三歲的時候離婚。

那一段時間，他的監護權屬於爸爸，但爸爸做生意，白天到處跑市場、晚上擺夜市，奶奶成了小葉主要的照顧者。有時爸爸生意不好，會對小葉及奶奶大發脾氣。

國小一年級的某個假日，媽媽帶小葉出去玩。與小葉相依為命的奶奶，卻在這時突然心肌梗塞過世。

當時的小葉沒有被告知奶奶死亡的原因，只知道奶奶過世了。

之後，爸爸依舊做他的生意，晚上常常獨自留小葉在家，讓他一個人吃飯。

直到有一天，爸爸娶的新媽媽對小葉家暴，被原生媽媽發現，將他帶回她那裡，他也在二年級的時候轉學。

個子小小、黑黑的小葉，遇到困難或挫折時，會大發脾氣、尖叫、亂丟東西，在班上沒有同學願意與他一起玩，他唯一的好朋友叫「小樹」。

小葉轉到新學校之前，學校曾經多次開過個案會議【註1】，邀請媽媽多次來到學校，每當媽媽來的時候，小葉總是哭得更大聲，撲通地躲進媽媽的懷裡。

媽媽帶著小葉到醫院，醫生診斷小葉患有ADHD（注意力不足過動症，俗稱的過動兒），老師與同學都很擔心小葉無法控制情緒與行為，他發作時會到處跑來跑去，還拿掃把追打同學，讓同學們心驚膽跳。

小葉曾與某位認輔老師談話，過程中都回答不知道，第四次接受輔導時，竟跑給導師與認輔老師追，甚至躲進廁所裡不出來。

老師要安排小葉到資源班上課，小葉不願意，他認為那是笨蛋才去的班級，不想接受輔導。

在進入諮商之前，我取得精神科醫師的醫囑，與導師連絡，對小葉「曾經做過的介入」以及「對家庭背景」有所了解之後，告訴導師方法，請導師告知小葉要到「遊戲室」玩【註2】，遊戲室裡面有老師陪他一起玩遊戲、一起聊天，導師可使用「點數卡」的方式，吸引小葉來。

第一次導師帶著小葉及好朋友小樹來遊戲室，他看見滿室的玩具，便興奮地到處探索，我問小葉是否能夠獨自留在遊戲室，他點頭表示同意，導師與小樹回到教室。

探索約十五分鐘之後，我請小葉停下遊戲，開始說明遊戲室的使用時間與約定，相互自我介紹。

小葉的表達能力不錯，會以顏色表達內心感受。

我問小葉說：「紅色像什麼？」

他回答：「像我被爸爸打的傷口。」

原來小葉曾被爸爸家暴，而爸爸甚至不准他拿藥擦傷口。

我了解小葉當時一定既怕又痛，請他挑選像藥膏的玩具，為自己的傷口擦拭。

我介紹導師一些教導過動症孩子的方法，並且可以請同學一起協助。

我還與媽媽碰面，了解小葉在家的狀況，肯定媽媽的努力，減低媽媽的擔心，並請她協助小葉。

第三次小葉邀請他的好友小樹一起來到遊戲室，他堅持一定要跟小樹在一起玩。

不過，在玩遊戲的過程中，小葉竟拿起玩具刀，朝向小樹射過去，小樹嚇了一跳，趕緊退了一步。

我趕緊和小葉說：「你想跟小樹玩，但小樹對射過來的刀感到很害怕，如此一來，小樹會害怕不敢和你玩下去。如果要你繼續和小樹玩，大家都要遵守安全玩遊戲的規則，好嗎？」

這一次，兩人好好地合作玩遊戲，小葉不但能幫忙小樹，更願意禮讓他，讓小樹成功融入遊戲裡。

遊戲結束之前，小葉同意暑假繼續來遊戲室與我互動，我要他記下每一次的約定，並肯定他將時間記得很清楚。

暑假開始，小葉與媽媽一起來到遊戲室。

我評估小葉對不斷變動的環境，感到很不安，經過我與媽媽溝通後，讓媽媽在遊戲室外面等候。

小葉剛開始不願獨自一人待在遊戲室，擔心媽媽會丟下他。

我請媽媽告訴小葉，她會一直在遊戲室外面等候，不會自行離開，也會開著門讓小葉可以看見媽媽。

那一次，在遊戲室中，我不斷表示我很能了解小葉為何生氣與擔心，肯定小葉的配合，立即做了關係的澄清【註3】。

我還探問小葉是否擔心「我不喜歡生氣的小孩」？小葉點點頭。

我告知小葉：「人都會生氣，生氣是可以被接納的，每個人都可以表達自己在生氣，只要讓我知道你為什麼生氣，我們可以一起來討論與努力，試看看能怎麼辦，對彼此最好。」

我很肯定小葉在遊戲室裡，沒有因見不到媽媽而生氣，小葉已有很好的自我控制能力。

後來的晤談，小葉見到我便開心地問好，也沒再吵著要外面的媽媽進來陪他。

我和小葉在一次共同閱讀《家有生氣小恐龍》繪本

時，與他一起討論了一些問題，小葉認為「生氣是不對的」、「大人不喜歡生氣的小孩」。

我回應：「有些人生氣是因為受到委曲跟不受尊重，生氣是可以被接納的。」小葉紅了眼眶。

我問：「你是不是因為同學的不尊重而生氣？」

小葉紅著眼眶點點頭說：「同學笑我是笨蛋。」

那一刻，我深深了解小葉受傷的感覺。

等待了一會兒，我再次告訴小葉「生氣是可以被接受的」，他在遊戲室裡可以表達生氣，我們可以一起討論想辦法。

我接著和小葉談到他和班上同學的人際關係，讓小葉透過布偶及黏土表達他的憤怒。

小葉漸漸向我主動提出需求，也越來越開放自己，能夠透過黏土來表達自己的感受，更能夠專注地與我談話。

在整個遊戲的過程裡，即使遊戲室內電風扇、冷氣聲過大，或是遊戲室外有人說話、走動的聲音，小葉已不再出現嚴重的注意力缺乏與衝動行為。

安親班與學校的老師也開始轉達，小葉在班上的狀況很穩定。小葉也主動告知導師，自己改變很多。我研判小葉可以結案了。

同時，我與導師及認輔老師、媽媽有一些協調與銜接工作，大家都同意這個孩子需要多一些正向的肯定。

最後一次晤談時，我與小葉各自畫了一張圖送給彼此，向對方說聲感謝。

小葉的眼神中，泛出一絲絲不捨的淚光。

會談結束後，過了一段時間，我走過學校走廊，小葉還認得我，他親切快樂地喚我「老師、老師」，揮手和我道再見，我想起那次小葉說他不是笨蛋的堅毅眼神，如今他已放開自己，走入繽紛的世界當中。

輔導心語

父母離婚加上被家暴的小孩，在心理上容易感到不安全與低自尊，因此在學校會特別在意同學的看法、不認輸，也會想要多吸引他人的注意。因此，要多給這些孩子一些正向的肯定，多了解、同理他們的情緒與想法。

愛的註腳

【註1】經由校方、家長、心理師等多方的人，一起召開對學生的困擾行為，提出協調、解決方法的會議。

【註2】兒童常透過遊戲來表達他自己，因此遊戲室是校園中設置給學生進行諮商輔導的空間，遊戲室裡有多類型的玩具與媒材，能讓學生表達自己。

【註3】立即性：諮商過程中，心理師與學生之間的關係產生變化，學生的內在心裡會對心理師產生感受而未表達出來。因此必須常常將這些產生變化的情形提出來加以檢核，以了解學生的感受與想法。

隨｜心｜筆｜記

37 我也想開口

文 林書如

「老師好！」這樣的打招呼聲音，對於老師與學生一定不陌生。只要走在校園遇到小朋友時，總會聽到學生這樣向老師打招呼的聲音。

只是這樣平常不過的事，對於小翔卻是很困難的，他在學校時總是靜悄悄，就算碰到熟識的老師，連一聲 「老師好！」都說不出口。

不吵不鬧的小翔

小翔是一位小三的男生，在家排行老二，家裡還有一個唸小學六年級的姐姐與幼稚園大班的弟弟，翔爸是個銀行行員，專門負責內勤工作，翔媽則是全職的家庭主婦。

導師說小翔是個很乖的孩子，作業總能按時繳交，學業成績保持中上，比起班上那些常惹麻煩的學生，小翔是一個不太令人擔心的孩子。

但是，不論是上課或是下課時間，小翔常常一個人靜靜地坐在椅子上，和同學之間也沒有什麼互動或是交談，問他話時也不會回答，只是把頭壓得低低的、全身繃得緊緊的。

導師試過幾次在課堂上發問簡單的問題，並請他回答，每次都是在一片的無聲與尷尬中，畫下句點。

其他小朋友在一旁起哄說：「老師！他是啞巴，你問也沒有用啦。」然後持續叫著：「老師，這題我會回答，叫我、叫我。」

「老師，小翔很奇怪，開學到現在，我們都沒有聽過他的聲音呢！」

不吵不鬧的小翔，就這樣安安靜靜地坐在他的座位上，無視其他同學的取笑。

原來是選擇性緘默症

導師與翔媽接觸，了解到小翔三年級之前就學的適應情形。

事實上，小翔早在讀一、二年級時就是如此，在學校不曾和老師或是同學交談，有時候連午餐打飯或是上洗手間都不敢去，後來經過翔媽的努力，才說服小翔在學校用餐與上廁所。

但是翔媽也提到小翔只要回到家，就一直講話，有時候吵到姐姐不能寫功課，兩人還為此大吵一架，有時媽媽也會被小翔吵到受不了，媽媽也很難理解為什麼小翔在學校可以整天都不講話，回到家卻一直呱呱說個不停。

導師和翔媽決定要請輔導室幫忙小翔，輔導主任決定安排小翔接受遊戲治療，也請翔媽帶小翔去醫院接受醫生的診斷。學校決定召開個案研討會【註1】，了解後續協助小翔的方向，並做出了一些決議。

精神科醫生診斷小翔是「選擇性緘默症」，建議翔媽定期帶小翔到醫院就診，並由諮商師介入提供諮商，也請導師進行班級輔導，在班上找幾位熱心的小朋友，協助小翔在課堂上的適應。

專屬的遊戲治療時間

第一次見面時，小翔安靜地跟在導師後方，我帶著我們的夥伴小玩偶蹲下，和小翔打招呼【註2】，小翔只是害羞地低著頭。

我邀請小翔進入遊戲室，開始自我介紹，向小翔說明每週的遊戲時間，認識遊戲室以及遊戲室的媒材。

我拿出照相機，告訴小翔，我們會用這個相機紀錄下我們在這裡的回憶，希望降低他的緊張。

我看到有著水汪汪大眼以及長睫毛的小翔，兩顆眼睛直盯著遊戲室的玩具看，就像雕像一般，一動也不動。

我們的第一次見面，小翔就這樣定定地站在入口處，整整一節課，他不說話就是不說話。

第二次到第六次見面，也都在一片靜悄悄的情況中結束，但是我觀察到小翔慢慢地往前進展，第一次只是站在入口處，第二次站在離鞋櫃比較近的地方，第三次他已經可以站上遊戲室的木頭地板上了。

我每次都會帶遊戲小書【註3】給小翔看，並用各式媒材來和他互動，例如他站在門口時，站姿形成了一個山洞。

我就用小火車過山洞的方式，以小火車來和小翔接觸，有時候小車子不小心撞到他的腳時，他會出現淺淺的微笑。

我不會強迫小翔以講話的方式和我互動，或針對他不講話的部分指責，我每次都只是反映他在遊戲室的情況與進展，我想他慢慢越來越放鬆了。

第七次見面時，小翔第一次主動選擇遊戲，他用手指指了一下，我問他是不是想要玩疊疊樂，他點了點頭。

我們就這樣用手指的溝通方式，玩了好幾次的疊疊樂。小翔非常厲害，總是能夠想出刺激的玩法，再以手指的方式來和我溝通，讓我明白。

第十次的時候，小翔開始看看遊戲室的其他媒材，拿起了收銀機、飛鏢、廚房用具、籃球、洋娃娃等。這次很不一樣，他幾乎將遊戲室內的玩具，都摸了一遍。

後來小翔開始畫畫，我們用筆談的方式溝通繪畫的內容，有時候寫得太慢或是我看不懂的時候，小翔會不小心開口說話，然後緊張地趕快閉上嘴巴。

對於小翔這樣的反應，我並不特別誇張地讚美他竟然開口說話，只是簡短反應我聽懂了，因為之前有同儕誇張地想要聽他的聲音，使他更為害怕且退縮。

在第十三次玩撲克牌心臟病遊戲時，小翔也不小心脫口而出。

第十五次玩情緒卡記憶遊戲時，小翔能以口語的方式自然地回應遊戲，還因為打敗諮商師，獲得了記憶大王的頭銜而沾沾自喜。

後來進入遊戲室的小翔，和我的互動越來越自然，對於表達也不再害怕，能夠用自己的方式讓我知道他想說的話，翔媽說小翔在學校的樣子與在家的樣子越來越像了。

導師也感受到小翔的進步，他能夠和班上的幾位同學互動，早上進教室時，也能和導師小聲地打招呼，與以前相比，他不那麼緊張焦慮了。

經過了一個寒假，這學期我和小翔繼續進行遊戲治療，有了上學期建立的良好關係，我嘗試邀請他幫忙錄製有聲書，讓失明的小孩也能夠聽見這些很棒的故事。小翔聽了之後很有義氣地答應，且積極主動地和我一起討論、挑選繪本，不一會兒他就在旁邊的角落開始讀起繪本了。

小翔很緊張自己的表現，剛開始錄第一本的時候，我聽到他微顫的聲音和不自然的語調。

第二本有聲書時，我看到他興奮、躍躍欲試的樣子，現在我們已經有三本繪本有聲書了。

後來多次的晤談時間，我們都一起聆聽這三本錄音檔，我知道小翔對於自己進步的感動、也看到他眼中亮起的光芒。小翔說下次想要邀請班上的好朋友一起來遊戲室聽，我點點頭表示支持。

我｜也｜想｜開｜口

小翔終於打破長期的沉默，以自己的方式和這個世界溝通。

輔導心語

選擇性緘默症的孩子，需要我們更多的耐心與包容，諮商初期盡量不以開口說話為諮商目標，這樣會使得所有人感到挫折並失去信心，先將目標設在建立關係，減少案主在學校的焦慮，透過遊戲情境協助案主發展多元化的互動方式。

面對周遭他人的期待，諮商師應該扮演橋樑角色，使重要他人看到案主的進展，而不會增加案主開口的壓力與焦慮。

愛的註腳

【註1】藉由召開個案研討會，整合家庭、學校、醫療、諮商等相關資源，有助於整體介入方向的決定，能以更有效的方式提供案主全面的協助。

【註2】藉由玩偶的客體，協助諮商師有效與案主建立諮商關係，並提供案主一個有架構且溫暖的依附來源。

【註3】諮商師運用諮商晤談中的照片、小卡片、糖果紙等製作專屬的遊戲小書，紀錄案主在遊戲時間的成長與改變。此小書結案後會送給案主作為回憶，讓案主能懷抱著諮商師的祝福，在遊戲治療中的感動能拓展至日常生活。

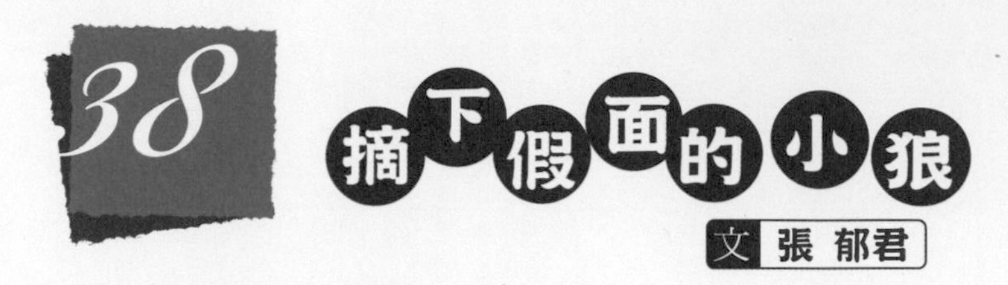

電話中，這位媽媽語氣中帶有一些擔心、焦慮、害怕，訴說著兒子的近況……

她的兒子在幼稚園裡，常因為被人欺負而反擊，卻被老師誤會他故意打人，人際關係不好，情緒也相當不穩定，時常在學校大發脾氣、故意破壞他人的東西。

幾天後，媽媽帶著小孩來到諮商師面前。

一個五歲的男孩，個子小小的，比起同年齡的小孩小很多，他有著一雙大大的眼睛，不停地轉呀轉，很聰明也很有禮貌，口語表達能力很好，可以感覺得出媽媽的用心教導。

我幫他取了個外號：「小狼」。

第一次進到遊戲室，小狼已經等不及聽完諮商師的說明【註1】，就開心地跳上跳下，好不容易等到諮商師講完，小狼好奇地把每個玩具都拿起來把玩一下。

特別是在沙箱區，小狼會把他所認識的物件，拿起來介紹給諮商師聽，幾乎所有的海底生物他都認識。

遇到最愛的恐龍，小狼更是興奮地拿起來，和別人分享他所認識的一切。

當諮商師好奇地詢問他最喜歡哪一種恐龍時，小狼總是選擇那個最強、最厲害的恐龍，牠可以打敗其他的恐龍。

過程中，諮商師心中浮現好多好多的問號，也有很多很多的猜想，他似乎想要展現自己是最厲害的人，沒有人可以打得過他。

別看小狼雖然年紀很小，卻對三國演義的故事情節相當熟悉。

遊戲室彷彿變成三國時代的場景，小狼就是劉備、關羽等大將，在遊戲室裡與想像中的敵人過招，有時候刀劍是武器，有的時候刀劍又變成武將們的坐騎，在旁邊觀察的諮商師有種時空錯亂的感覺。

過程中，不時會被小狼化身為武將專注的眼神嚇到，十分有殺氣，耍劍時的威力十分恐怖。此時的小狼與現實生活中待在母親身邊的乖巧小男孩，簡直判若兩人。

幾次下來，在遊戲室中的打打殺殺，讓小狼在一個安全的空間裡，將壓抑許久的負面情緒宣洩，諮商師在旁描述小狼內在情緒狀態【註2】，漸漸地，這樣暴力的場景也慢慢減少。

在打打殺殺之後，小狼總是會扮演起爸爸的角色，然後將遊戲室中的嬰兒娃娃當作自己的小孩，照顧他們、買東西給他們。

有一次，小狼在跟寶寶的對話中，提到寶寶想要買槍，這時扮演爸爸的小狼就跳出來說：「不行不行，你不行買槍，因為你在學校會打人。」說完，扮演爸爸的小狼，就帶著寶寶去買別的東西了。

接著，場景又換到小狼變成媽媽準備要煮飯，在開始煮飯前，他打了一通電話告訴諮商師說寶寶不見了，寶寶被壞人綁走了，但他並不擔心，因為他知道寶寶很厲害，會自己打敗壞人【註3】。

隨著場景的不斷轉換，小狼所扮演的角色也不斷變化，從暴力到溫馨、從膽小到勇敢、從害怕到接受。

忘記是在第幾次的遊戲時間前，小狼的媽媽告訴我，他在學校的人際關係變好了，問我是不是有教他什麼方法。我笑了笑，其實我也不知道原因，只知道小狼可能在遊戲過程中，自己發現了什麼吧！

小狼的媽媽跟小狼一樣，有著一雙大大的眼睛，很漂亮。她獨自帶著一個小孩在異鄉生活，擔心旁人的眼光，加上前一段婚姻中受到暴力對待，她特別擔心小狼是否也受到影響，害怕小狼也會出現暴力行為，十分重視他的心理健康。

小狼的媽媽認為心理健康，就是不會有任何的暴力行為、不會生氣、不會發脾氣……也因為性別差異，其實她不知道要怎麼跟小狼互動，不知道如何跟他一同玩遊戲，總覺得小男生的遊戲都很暴力也很激烈。

在互動的過程中，可以感受到小狼的媽媽的用心，她不斷地傳達著自己很厲害，外面的環境都不安全，一定要小心保護自己。諮商師幾次與小狼的互動中，也發現小狼有這樣的個性，小狼不斷表現出自己是很厲害、是最強的，必須這樣才不會被別人欺負。

或許對於這對母子，在現今仍對單親家庭有很多閒言閒語的社會來說，格外需要努力表現自己的能力，才能獲得他人的肯定吧！

每個人成長的過程中，都會遇到很多困難，在這段工作結束後，小狼還是會遇到很多問題，小狼的媽媽也發現某個問題解決後，又會浮現另外一個問題。

我想這就是生命要歷經的學習吧！

經過這次，小狼的媽媽發現其實需要輔導的，不單只是孩子，還有自己。

嘗試打開心房與外界接觸，建立新的人際關係，才發現外面世界並不是自己所想的那樣不友善，還是有很多新的可能性。

小狼摘下假面具後，更認真地對待自己，走入多彩多姿的世界。

輔導心語

其實在遊戲室中跟小朋友的互動，要比在遊戲室外跟父母親的溝通輕鬆很多，小朋友很真實，遊戲就是他們的語言，只要耐心地跟隨他們的腳步，不帶任何評斷的角色，保持好奇心，自然而然，他們就會展現出內在的自己，讓我們看到。

比較困難的是，如何與父母親溝通？父母親帶著自己的經驗投射在孩子身上，往往很難看到真實的全貌。過程中，我並未用很高深的技術，只是同理案母的擔心，協助案母多給孩子一點時間及空間，去整合內在的衝突，尤其在人格尚待整合成熟的階段，兒童會有接受父母及社會規範的「超我」與內在渴望需求的「本我」相互衝突，這時候就會產生一些情緒困擾，特別是小男生會用很多的外顯行為去發洩情緒。

在與孩子工作時，不僅要與孩子建立關係，與父母親更需要建立良好的連結，將父母變成助力，一同協助孩子健康的成長，這是我在這個個案最大的學習。

愛的註腳

【註1】此為場面架構，在第一次進行遊戲治療前，會先進行場面架構，說明進行方式、次數、時間等，讓個案對諮商有一個簡單的概念，慢慢進入並習慣此種工作模式。

【註2】此為情感反映，諮商師使用明確的情緒字眼描述當下個案的情緒狀態，協助個案對自己的情緒狀態有更多的認識及了解，提升個案的自我覺察能力。

【註3】在遊戲治療過程中，個案會將自己的內在世界藉由各種方式呈現出來，身為治療師、老師或家長們只需保持好奇、耐心等待，個案自己就會告訴你，在他內在所發生的事。

39 小米的天空

文 李佩珊

兩週沒見，小米看起來一臉開心模樣，幾乎是邊走邊跳地走進諮商室。

他還沒坐定，就迫不及待地對我說：「老師，我可以問你一個問題嗎？」

「好啊，請問？」看到他這麼有活力，我的音調也不由自主地飛揚起來。

「老師，你有沒有發現時間被壓縮了？」

「咦？時間被壓縮了？」乍聽這句話，我嚇了一跳。但我承認，時間被壓縮這個想法，真的很有想像力。

「對啊！我最近發現時間過得好快，咻一下就過去了。」他邊說邊比劃，做出時間流動如飛機翱翔的姿態，動作生動極了。

「要不要舉些例子給我聽呢？【註1】」

小米認真想了一下，「前幾天我突然發現想不起今年初的時候，自己都在做些什麼？然後發現今年明明經歷了好多事情，但是現在想起來都淡淡的，模模糊糊的，好像一下子全部都過去了。」

我點點頭表示理解。

今年初，差不多也是我認識小米的時候。

一開始，導師發現小米的手上，有許多被美工刀劃出的傷痕。

導師怎麼想也不明白，小米在班上有一群還算聊得來的朋友，課業表現也很平穩，更沒有被排擠或欺負的跡象，怎麼會自我傷害呢？

老師試著問他原因，他的反應都是淡淡地，甚至微笑著，彷彿那些傷痕都與他無關，不痛也不癢。

沒隔幾天，學校警衛在放學後看到小米和他的幾個好朋友們，形跡可疑地站在學校的六樓迴廊。

警衛很敏感地發現其中幾個人臉色慘白，覺得事有蹊蹺，緊急通知導師來把他們帶回教室。

經過導師耐心詢問後，竟然發現他們幾人原本計畫要一起跳樓，幸好警衛及時發現，才免除悲劇發生。

就因為這樣，我認識了小米。

我第一次和他見面時，我問他是否了解我們為何要進行晤談，他怯生生地點了點頭【註2】。

事實上，除了與朋友計畫跳樓那次外，小米之前已有多次輕生的念頭。他不快樂，不知道自己為何總是無法快樂起來。

他只知道自己感覺孤單，想念已經離開人間的媽媽。

小米後來向我說起那次跳樓事件，當時朋友裡有人提議：「既然我們都這麼不快樂，不如一起死好了。」

小米坦承雖然忍不住透過割傷自己，來減輕心裡的痛苦，但是從未認真考慮過死亡，那次竟糊裡糊塗跟著他們一起爬上六樓。

他說，在那幾分鐘裡，他其實很猶豫。

他想到，如果他死了，父親和爺爺、奶奶都會很傷心，他其實不想讓他們傷心。

五年前，小米的媽媽因為一場車禍意外而過世。那時候小米才唸低年級，不是很清楚死亡是什麼，每天吵著要找媽媽。

但是爸爸只會悶悶不樂地喝酒，對他的哭鬧根本不理不睬，有時不耐煩起來，還會毒打他一頓。最後，他只好壓抑自己的眼淚與悲傷。

小米形容自己的心，當時像是破了一個大洞，怎麼補也補不完整。內心很想很想媽媽，卻不知該如何表達思念，只能天天躲在棉被裡面掉淚。

「我彷彿在一夕之間從天堂墜入地獄，被整個世界狠狠地遺棄了。」

即便過了這麼多年，講起當時的情況，小米依舊淚眼汪汪。

以後的幾次晤談，小米像是打開回憶的水龍頭，滔滔不絕訴說與媽媽有關的點點滴滴：媽媽的拿手菜是排骨湯，那股香味彷彿隨時會飄入記憶裡；媽媽習慣在睡覺前，摸摸他的額頭說晚安；媽媽看八點檔時很入戲的樣子；媽媽偶爾嘮嘮叨叨，要小米改變一些不太好的生活習慣……

不過，小米開始擔心自己的童年記憶越來越模糊，有一天，他會不會忘記媽媽的樣子？

於是，我們一起討論要如何珍藏小米和媽媽的回憶。

小米找到一個空的喜餅禮盒，把媽媽的小手飾、照片、手帕，以及他畫給媽媽的畫跟寫給媽媽的信，全都放進去。

完成媽媽記憶藏寶盒的那一天，小米和我都覺得很感動【註3】。彷彿媽媽的記憶就這樣完整地屬於小米，再也不會流失。

後來我和小米談話的內容越來越豐富。他會多說一點學校生活、班上同學的八卦，或是爸爸對他碎碎唸了什麼芝麻綠豆般小事。

小米的世界似乎添加了更多的色彩，他的笑容和肢體語言都變多了。

我和小米討論到他的改變，我們的會談也差不多接近尾聲。

今天小米問我「時間被壓縮」這個問題，表達和我的晤談，即將告一段落的不捨。

我很認真地回應他：「說真的，我也覺得時間好快喔！

好高興這些日子能分享你的喜怒哀樂，真是有一點點捨不得呢！你會不會呢？」

小米開心地點頭，笑容掛在臉龐如向日葵般燦爛。

當小米走出諮商室時，我看到他在澄藍的天空底下，無憂無慮地走著，我知道他已珍藏好媽媽的回憶，心中再也沒有情緒上的重擔。

如今整片天空都是小米的，就看他以什麼生命的姿勢，盡情飛翔。

輔導心語

失落與悲傷往往來得措手不及，讓人們毫無防備。因此，回憶與想念都需要被仔細整理、檢視與收藏。特別在感覺孤單難過的時刻，我們要記得天空不會永遠下著雨，終究會出現朗朗晴空。

愛的註腳

【註1】為了能使當事人對自己的陳述做更具體細緻地描述及說明，運用具體化的技巧及符合案主發展階段與特質的問句，進一步探討案主敘說的內涵。

【註2】初次晤談（intake）重點在於資料蒐集、關係建立或是危機處理。這個案例中的諮商師直接進入諮商主題（主訴問題），有助於蒐集必要的關鍵資料，與當事人討論諮商的目標、功能與限制，以有效協助當事人。

【註3】死亡的發生會挑戰我們以生活經驗為基礎的認知架構，因此藉著「回憶盒」的製作，將焦慮和哀傷轉化為面對事實及接納現狀的成品。有關於「回憶盒」製作的概念，可參考《旅行箱的故事》一書。

一段從蛋黃酥開始的友誼

中秋節的前一天，我第一次和阿仁見面，不安的阿仁，為難地抬頭看著我，表情尷尬。

我把一顆蛋黃酥主動送到他的眼前，和他說了句：「中秋節快樂！」

阿仁緊張的神情，此時放鬆和緩，他有禮貌地向我說了聲：「謝謝！」

第一次見面，我們從蛋黃酥談到阿仁愛吃滷蛋，也談到媽媽喜歡吃魚，最後談到病重的爸爸只能吃稀飯……

談到生病的爸爸，阿仁臉上輕鬆的神情又不自主地緊繃了起來。

我看著阿仁的眼神：「看得出來，你非常擔心爸爸的病情。」

我關切地說著，溫柔地拍拍阿仁的肩。

阿仁用充滿被了解的神情接受我的關懷。

我靈機一動，拿出了鉛筆盒中常備的空白名片卡給他，阿仁寫了一段祝福：「祝 爸爸能夠早日康復，健康回家，很希望可以和爸爸一起吃晚餐！【註1】」

阿仁說：「放學後，要請媽媽帶著卡片到醫院送給爸爸。」

第一次見面的阿仁並不防衛，很快地就把內心的壓力表達出來，這讓我有些意想不到。

面對此時的情境，轉介紀錄中暴躁易怒的描述，我突然有些無法連結。

接下來的一週，阿仁的老師找了我兩次，一次是阿仁因為搶球而和同學打架，一次是他用髒話罵隔壁班的大塊頭，被大塊頭毆打。

蒐集卡片 蒐集自信

第二週阿仁比老師來得更早，我想我們的諮商關係有些增進。

這次我們玩象棋，阿仁和氣指導棋藝不怎麼高明的我，我真誠地表達欣賞與感謝。我寫了一張讚美卡送阿仁，誇獎阿仁：「說話文雅、心地善良！」

每一次見面，阿仁都熱切地邀約我一起玩遊戲。

我們玩疊疊樂、跳棋、益智七巧板、探索心遊戲盤、畫全家人一同做一件事……每一次遊戲結束，我會在卡片上寫阿仁的優點，阿仁收到了一張又一張的卡片。

我在卡片上寫道：「玩疊疊樂，細心又專注，不輕易放棄，保護積木到最後一刻，有毅力的態度，讓人欣賞！」

「益智七巧板的確有些難，阿仁耐心地完成。堅持到底，成功在望！你真的很讚喔！」

「阿仁懂得關心家人，真是個孝順的好孩子！」

一個多月後，遇見阿仁的導師，老師說：「最近阿仁不再像刺蝟，已經有兩個星期沒有和同學打架了，有些令人驚訝。」

我寫的讚美卡片越來越多，阿仁就變得更有自信，看別人的眼光比以前和善許多。

阿仁的心情故事

有一次，阿仁挑了情緒卡——自卑、恐懼、感動，並分享他的心情：

「家裡沒有錢了，安親班要停下來，我覺得好自卑。」

「爸爸的病需要一直化療，不知道會不會好起來？爸爸的病況讓我非常恐懼。」

「遊戲老師不斷地鼓勵我，讓我覺得相當感動！」

有一次，阿仁為家庭卡編故事，故事中全家人一起坐在餐桌旁吃飯，是一個幸福的家庭。

有一次，阿仁選了悲傷的情緒臉譜【註2】，因為兩天前爸爸病情惡化，進了加護病房。

阿仁把我當成可以分享心情故事的人。我專注傾聽並給予溫暖的回應，我表示很深刻了解阿仁的心情，就像破了一個洞似的無奈與無助。我想阿仁需要更多的能量。

我開始讓阿仁抽能量語句，他把能量語句做成能量書籤【註3】：

「真心默禱事情開始好轉」——寫在粉紅色的卡紙上

「與朋友分享煩惱將減少」——寫在黃色的卡紙上

「為自己也為別人祝福，內心將因愛而幸福」——寫在橙色的卡紙上

「有關心我的人真是幸運」——寫在水藍色的卡紙上

阿仁要把這些能量書籤帶在身邊，希望給自己帶來更多更好的能量。

為了讓明天更有希望，我的大手與阿仁的小手一起工作著，我們的心情暖暖的，相視一笑更是為彼此加油的最佳語言。

挫折又來造訪

一天午休，阿仁來找我。他冷靜地告訴我說：「爸爸去世了。想和老師聊一聊，可以嗎？」

這是爸爸去世後第十天，阿仁坐了下來，我安靜地聆聽他這段時間的心情與家庭變故，他說到內心激動時，流下傷心的眼淚。

阿仁如今最關心的是媽媽，他想寫一張卡片給媽媽，我們一起討論卡片的內容。他想表達對媽媽的愛與關懷，更希望媽媽轉移傷心的心情，感受阿仁的孝心。

「回家後，一定會親手送給媽媽這張卡片。」阿仁心滿意

足地說著。

我彷彿看見了阿仁媽媽感動的神情，爸爸在天上看見阿仁的轉變，一定綻放了開心的笑容。

輔導心語

除了遊戲玩伴外，我努力當一位專心的聽眾，忠實地聆聽阿仁的心情故事。摘錄阿仁送給我的一段話：「這段時間，我和玟如老師當朋友，心情特別好。因為我可以說出我心中的難過和憤怒，我要向您說聲：謝謝您！謝謝您成為我吐露心情的好對象！」

透過表達性媒材的運用，情緒臉譜、情緒卡、家庭卡、能量卡……諮商師可以了解孩子真正的內在需求，並且整合、回饋孩子的情緒並賦予孩子能量。諮商結束時，看到孩子找到自己的能量，我相信他埋在心裡的希望種子已經發芽。

愛的註腳

【註1】透過兒童的自我敘說或敘寫達到自我賦能的目的。諮商師運用卡片引導兒童寫下或說出自己的願望、祕密、擔心、害怕、祝福等心情，就是一種自我敘說與自我安撫。

【註2】情緒是很細微、有層次的，有時憤怒的背後壓抑的是悲傷或傷心。兒童受限於所能陳述的字彙有限，因此透過有情緒臉譜的情緒卡，可以引導兒童更具體地覺察與表達情緒。若兒童感受到自己可以把負向情感表達出來，而且這些情感會被接納與肯定時，他們就能更勇於釋放情感，覺得自己有能力控制環境。這種支持、信任的支持性關係（supportive relationship），是一個正向的治療因子。

【註3】一個完整的諮商過程，常是在有深刻的體驗後出現新的領悟，這個領悟是一種新的認知，一個新的自我價值。這個新想法，有可能使兒童的情緒與行為跟著改變。透過充滿力量、希望與樂觀的能量語句讓兒童感受到鼓勵與肯定。

41 心的開始

文 謝維禎

小宇是一個個性率直的小孩，剛開始來到學校時，常常因為容易發脾氣，跟班上同學起衝突，而引起老師特別的注意。

小宇的爸爸是一位公司的老闆，很重視小孩的成績表現與品行，如果孩子在學校發生什麼事情，一定會配合老師協助處理。

老師多次勸告小宇衝動的行為無效，他因而被轉介到輔導室來。

小宇開始到輔導室，左顧右盼略帶不安與不滿的情緒，來到諮商師面前。

他一臉疑惑地問：「我為什麼要來這邊？」

諮商師將小宇在班上發生的情形告訴他，他願意傾聽小宇的心事與想法，讓他在支持和溫暖的環境下，一同找出辦法來協助他，使他在班上能與同學過得快樂一點。

諮商師感受到小宇難過的情緒【註1】，他也終於願意慢慢地述說自己在班上遇到的困難與心酸。

小宇說，他不是故意要和同學吵架，他也不知道為什麼自己會這麼的衝動和生氣。

小宇覺得大家都誤會他，故意惹他生氣，一切都是別人的錯。他不明白，為什麼他這麼積極地和同學互動，卻沒有人願意理他，他心裡覺得沮喪，卻從來沒有把難過的情緒告訴別人。

小宇說，他只能一個人，在角落看著別人玩，說著說著眼淚也不自覺地掉了下來，他覺得非常傷心。

諮商師與爸爸及國小老師聯繫，更進一步了解小宇的狀況，發現原來小宇在國小的時候曾經到醫院就診，被診斷為注意力不足過動症【註2】，在小學時曾經服藥控制其衝動過動的行為。

爸爸說：「小宇從小在家裡就跟我很親近，常常到我的公司幫忙，很聽我的話，但總喜歡摸東摸西，家裡的書桌總是一團亂，永遠無法將自己的房間弄乾淨，總是忘東忘西。由於小宇最近的狀況較不穩定，我才決定帶他到醫院檢查。」

小學老師也說，小宇是一個聰明的小孩，國小時很貼心，喜歡到辦公室找老師，並樂於幫老師的忙，而且很靈敏，是老師的小幫手，但只要與同學玩，常常是快快樂樂地開始，吵吵鬧鬧地結束。

小宇總是無法忍受等待，無法遵守遊戲規則，同學在百般忍讓之下，再也無法接受他的行為。老師曾經跟同學說明小宇的特殊狀況，但同學感受不到小宇的調整與改變，很難讓他融入在大團體中。

在幾次的諮商之下，諮商師帶領小宇認識自己，一同找出他的優點，給予他正向的自我價值及正向的力量繼續前進；另外，也找出幾個他可以調整和改變的目標，希望能協助他一起度過難關，讓他的人際關係有些改善。

在與小宇討論之後，小宇終於發現原來要改變別人的觀點可能有點困難，改變自己的觀點，反而是一個稍微可行的方法，雖然他還是覺得有點難，有點不甘心，但在諮商師鼓勵下，他終於鼓起勇氣嘗試看看。

同時，經過就醫後，爸爸決定遵從醫囑，讓小宇服用藥物，以控制孩子的情緒，讓他在稍微平穩的情緒下展開諮商。

小宇除了定期服藥之外，同時和諮商師一同練習社交技巧【註3】，幫助自己習得更多與人互動的好行為，減少不適當的表現。

諮商師從小宇在班上發生的事件，引起小宇的動機，再找出要練習的技巧，讓他從示範、情境演練、諮商師的回饋及再度修正演練，確立他新技巧的習得。

諮商師並與父母及導師討論小宇學習的情形，希望小宇能將這些技巧，運用在班級及家裡，只要看到他一點點的改變與進步，就給予他大大的鼓勵，讓他看到自己的改變，給予自己更多的信心，也讓他有了改變的契機。

輔導心語

在接觸小宇的過程，我看到他的無助與無奈，由於生理的因素造成他種種不當的外顯行為，他心中充滿許多「為什麼」，卻從來沒有人能好好了解他，聽聽他的故事，協助他改善他的狀況。當所有的人都把焦點聚集在他的過錯時，他也只能看到自己的缺失，而沒有動力挖掘自己的長處。

我看到小宇願意改變的心，他的心中存在著許多的懷疑與擔心，同時，他雖然知道自己的狀況，但對於每天要服用藥物，還是會擔心別人的眼光，他希望跟一般人一樣正常的生活。在諮商過程中，我看到小宇的勇氣，願意相信自己，願意為自己出征，他逐一克服內心不安、無助，進而自我認識、學習改變。這對他來說是人生中多麼重要的歷程，第一次看到自己的成長。

導師及家人的協助，是學生重要的資源，重要他人的參與及讚美，對於小宇的進步有正面的影響力。他們一路走來給予小宇許多的包容和鼓勵，讓他在安全的環境下學習，同時也不放棄任何一個練習的可能，讓他有機會在這蛻變的過程中，開啟了另一扇窗。

愛的註腳

【註1】真誠一致、同理心、無條件地正向關懷為人本主義諮商營造之諮商氣氛。

【註2】注意力不足過動症特質為注意力不良、衝動、過動，並在七歲以前出現在兩種或兩種以上場合，嚴重影響社會適應、學業狀況等。

【註3】社交技巧訓練為行為學派之技術，強調行為步驟，逐步養成適宜的社交技巧。

隨｜心｜筆｜記

42 媽媽的領悟

文 劉秀菊

第一次見到讀國小六年級的小琪，我看到她清秀的臉龐上有著閃爍不安的眼神，還有與同年紀的同學相比，過於瘦削的身體。

小琪的毛病不僅如此，她還有嚴重焦慮、憂鬱和腹部疼痛等身心症狀，再加上嚴重的縮胸駝背，讓我一開始就對她印象深刻，想要進一步了解她緊張焦慮、缺乏自信背後的成因。

相對表現優秀的哥哥、以及備受疼愛的弟弟，身為老二的小琪，總覺得自己是受到忽視的。

小琪的媽媽對小琪在身心方面的發展和表現，有說不完的擔心，從小到大經常帶著她到處做檢查、診斷、參加多所醫院的團體課程。然而這些並沒有讓小琪的媽媽感到放鬆，反而是只要小琪的表現並沒有達到應有的水準，媽媽就更加煩惱。

此外，媽媽對小琪也常要求與糾正，很少和小琪分享生活點滴。

由於小琪經常腹部疼痛，媽媽經常買許多幫助消化的藥物或健康食品給她服用，希望能改善她的胃腸問題，但她腹部疼痛的情形始終沒有改善。

小琪缺乏自信，使得她不敢表達真實的感受與想法，在人際互動上常出現問題。

在我和小琪第五次會面前，小琪就因同學的壓力，再度出現失神、言語能力變弱，甚至認知功能降低。

在小琪進入遊戲室後，我看到她心情低落，我想了解她的感覺如何，於是問她：「0代表情緒非常不好，10則代表情緒非常好，從0到10，妳現在情緒如何【註1】？」

小琪回應：「1和2之間。」

我回應：「哇，妳今天心情很不好喔！」

小琪點點頭回應後，依舊落寞的神情，此時她無法用言語表達狀態或情緒。我拿了紙和筆，請她試著用寫的，寫下今天的情緒。

小琪在白紙上寫出：「我好難過呀。」

我回應：「妳好難過哦！」

小琪開始掉下眼淚。

我接著表示我非常了解她的心情：「妳好難過，難過到掉眼淚了。」

我拍了拍小琪的肩膀，讓她知道我跟她的情緒同在。為了想讓小琪繼續表達，我順手拿了一支筆，畫了一個簡單的人偶圖，對小琪說：「妳好難過時，在身體的哪個部位有這樣的感覺？」

我請小琪在人偶上用顏色或筆畫出難過的地方。

小琪聽了我的引導語，很快拿起鉛筆在人偶的腹部，劃上一條一條的橫線，從一條線到多條線，從疏到密，細到粗。

小琪不斷重複在人偶的腹部，劃上一條又一條的橫線，過程中她不發一語，很專注地劃線，我反應了幾次小琪的繪畫行為，如此約畫了十五分鐘，直到整個腹部全部被塗成黑黑的一片，她才停止【註2】。

無法用言語敘說的小琪，透過這樣的繪圖過程，充分表達內在的焦慮，我確認小琪經常性的腹痛，是心理焦慮反應到身體方面。

我把小琪的圖畫和我的發現與小琪母親分享後，媽媽終於了解到小琪的腹痛，大部分是情緒影響的，也就不再那麼擔心小琪的身體。

媽媽開始關照小琪的心情，也不再只是要求與指正，而是以較多母女親密的互動取代，例如幫小琪按摩、陪她聊聊天。

我蒐集有關親職教育的文章與小琪母親分享，引導媽媽更正向地看待小琪。我希望媽媽多發現小琪的優點，如善良、認真、誠實、聽話等，再把這些優點告訴小琪。媽媽聽了我的話後，母女關係有了很大的變化。

小琪也開始會和母親聊學校的事情，人逐漸開朗起來，會表現新學會的事物給爸爸媽媽看，小琪還要求父母為她拍手，分享她學習的快樂。

小琪的胃口變好、長胖了兩公斤，腰挺起來了些，整個人不再那麼瘦弱，學校的課業成績也進步了。

媽媽有一天告訴我說：「我發現只要我心情放鬆，不再催促小琪，小琪反而表現得更好。」

我知道媽媽終於領悟到和小琪最和樂的相處方式。我知道，我該與小琪說再見了【註3】。

輔導心語

父母的教養方式對孩子的認知、情緒等影響很大，焦慮會使父母降低溫暖的感覺和正面性，而親子關係更會影響青少年的人際壓力因應，進而也會導致青少年焦慮、憂鬱的情緒，因此協助小琪母親改變教養方式，並看到小琪的優點，不僅有助母親放鬆，更能幫助她正向看待小琪，對小琪有多一些信心，同時增進親子良好互動，這些對小琪情緒的穩定都有很大的助益。

愛的註腳

【註1】評量問句具有非常多功能，可以用來了解我們的每個知覺，包括自信、情緒、動機的程度。文中用來幫助小琪了解與表達自己的情緒狀態，藉由輔導老師的了解與同理，使小琪的情緒得到一些抒發。

【註2】繪畫與遊戲有超越語言的力量，所以當無法用言語表達時，透過繪畫與遊戲還是可以做充分的情感表達。由於小琪的狀態不佳，因此用畫好的人偶圖，可以協助她覺察自己的身心狀態，同時將壓抑的情緒宣洩出來。

【註3】做兒童個案，尤其不能忽略其生態系統，特別是兒童的主要照顧者。案主的進步有一個很大的關鍵是媽媽的轉變，媽媽管教方式的放鬆讓個案感到放鬆，加上繪圖過程協助個案表達出內在的情緒感受，使個案有很明顯的轉變。

作者簡介

依姓氏筆劃排列

王秋嵐 | 曾任高中輔導教師／高雄師範大學輔諮所碩士班進修中
王純琪 | 高雄市縣學諮中心兼任心理師／高師大輔諮所博士候選人
王瑀玲 | 高雄市民權國小教師／高雄市學諮中心兼任心理師
王麗茹 | 高雄市學諮中心兼任心輔人員／美國北德州大學輔導諮商所碩士
李佩珊 | 高雄市立左營高中輔導教師／高雄市學諮中心兼任心輔人員
李秉倫 | 曾任高雄市學諮中心兼任心理師／高雄縣學諮中心專任心理師
李美媛 | 高雄市學諮中心兼任心理師／勵馨基金會特約心理師
林書如 | 高雄市學諮中心專任心理師／屏教大教育心理與輔導所碩士
邱小淨 | 高雄市學諮中心兼任心理師／高雄師範大學輔導與諮商研究所碩士
施俊玓 | 行動治療師／美國愛荷華州立大學伴侶與家族治療博士
洪久雯 | 高雄市民族國中專案教師／彰化師範大學輔諮系
洪麗晴 | 高雄市學諮中心兼任心輔人員／台中教育大學國教所博士
徐　蕾 | 高雄市學諮中心兼任心理師／屏教大教育心理與輔導所碩士
張郁君 | 高雄市學諮中心駐地諮商師／高雄師範大學輔諮所碩士班進修中
張梅地 | 高醫兼任藝術治療師／高雄市學諮中心兼任心輔人員
張綺瑄 | 高雄市諮商心理師公會總幹事／高雄市學諮中心兼任心理師
張瓊文 | 高雄市學諮中心北區督導／高雄市楠梓國中輔導教師
張麗鳳 | 高雄市學諮中心專任心理師兼督導／彰化師大輔導與諮商博士
莊瑞君 | 高雄市學諮中心兼任心理師／育幼機構關懷協會兼任諮商師
莊懿楨 | 高雄市學諮中心兼任心理師／高雄市政府教育輔導人力
陳宗興 | 高雄市學諮中心兼任心理師／芯耕圓心理諮商所兼任心理師
陳怡樺 | 高雄市縣學諮中心兼任心理師／勵馨基金會特約心理師
陳玟如 | 高雄市莊敬國小教師／高雄市學諮中心兼任心輔人員
陳姚如 | 高雄市學諮中心主任／彰化師範大學輔導與諮商學系碩士
陳淑華 | 高雄市前金國中教師／高雄市學諮中心兼任心輔人員
曾德慧 | 曾任高雄市學諮中心專任心理師／屏教大教育心理與輔導所碩士
黃月秀 | 高雄市太平國小教師／高雄市學諮中心駐地諮商師
黃燕珠 | 精神分析取向心理治療師／聖功修女會兒少安置輔導督導
葉明哲 | 高雄市學諮中心兼任心理師／高雄市兒諮中心兼任心理師
劉秀菊 | 高雄市學諮中心兼任心輔人員／高師大輔導與諮商所碩士
劉怡伶 | 高雄市中正高中輔導教師／高雄市學諮中心兼任心輔人員
蔡佩儒 | 高雄市學諮中心專任心理師／高雄醫學大學兼任心理師
蔡翊楦 | 高雄市縣學諮中心兼任心理師／高雄市兒諮中心兼任心理師
蔡曉雯 | 高雄市學諮中心兼任心理師／高雄市政府員工協談諮商師
鄭如安 | 美和技術學院社工系助理教授／高雄市諮商心理師公會理事長
鄭楦縈 | 高雄市學諮中心兼任心理師／高雄市兒諮中心兼任心理師
盧文玉 | 高雄市瑞豐國小教師／高雄市學諮中心駐地諮商師
賴幸瑜 | 高雄市學諮中心兼任心理師／屏東縣家庭諮商中心兼任心理師
謝幸蓁 | 高雄市學諮中心兼任心輔人員／高雄市政府教育輔導人力
謝維禎 | 高雄市大義國中特教教師／高雄師範大學輔諮所碩士班進修中
羅訓哲 | 美國印第安那大學諮商碩士／高雄市學諮中心兼任心理師
蘇薇如 | 曾任高雄市學諮中心專任心理師／高雄醫學大學心理所諮商組碩士

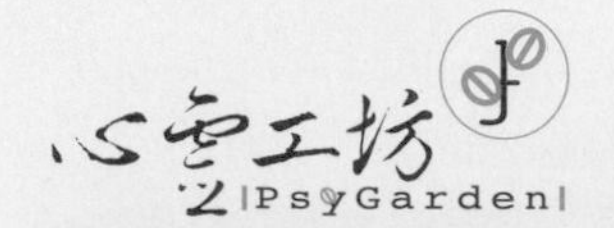

直探宇宙隱藏的跳動
承受如夢召喚的牽引
走過遠方驚喜的記憶
迎向生命更深的信息

Living

美好五分鐘

【平靜專注的一百則練習】

作者—傑弗瑞・布蘭特力、溫蒂・米爾斯坦
譯者—許桂綿　定價—250元

結束忙碌的一天後，你是否只能倒?在床，心裡卻有一股說不出的不滿足？你是否常常覺得負荷過重、壓力過大？杜克大學整合醫學中心「正念減壓計畫」的總指導布蘭特力博士，提供了非常簡單又特別的方法，來幫助人們達成有效而恆久的改變。每個早晨花五分鐘，選一則練習來做，就能爲平靜、滿足的一天定調。

植物的療癒力量

【園藝治療實作指南】

作者—米契爾・修森
譯者—許琳英、譚家瑜　定價—280元

加拿大首席園藝治療師，以自身35年實務經歷，幫助讀者理解什麼是園藝治療、如何開始自己的園藝治療和完成計畫。對初入門的園藝治療者而言，這是一本能給予新手信心的入門手冊，而書中的諸多創見，也能讓資深實務工作者獲益良多。

山的禮物

【複雜人生的簡單智慧】

作者—艾蓮・麥達
繪者—羅德利克・馬肯維
譯者—黃玉華　定價—250元

作者從一趟難以預料的艱苦背包客之旅，在體驗中發現生命的實像。山，成爲面對人生繁複實像的隱喩。

在廟口說書

作者—王浩一　定價—380元

台南通王浩一再度登場！這回他化身說書人兼導遊，藉著圖文並陳來向讀者細細講解四十處古蹟的身世，幫助讀者重新發現掩藏在古老牆垣屋簷下的點點滴滴，以及台南何以爲府城的歲月風華。

慢食府城

【台南小吃的古早味全紀錄】

作者—王浩一　定價—350元

10個節令的典故與應景食品！114家超美味的實力店家！50種小吃的精彩有趣故事！手繪台南舊城古蹟與小吃地圖！本書絕對是帶你慢食府城，深入品味古都文化的絕佳導引！

走進園藝治療的世界

作者—黃盛璘　定價—300元

盛璘說這本書是一趟中年歐巴桑的學習之旅，但我們卻還看到她對自我的誠實、對大自然的熱愛、對新鮮事的好奇、對弱勢的關心、對環保的認同、對植物和各種藥草的親近親愛……

青松ê種田筆記

【穀東俱樂部】

作者—賴青松　定價—350元

本書是賴青松移居宜蘭四年的田間筆記。白天，他荷鋤下田，與泥巴稻秧爲伍；晚上他提筆爲文，將歸農心情一一記錄。透過簡樸、勞動、回歸大地的生活，青松說：「我只想好好做田，種出值得等待的幸福滋味！」

愈少愈自由

作者—區紀復　定價—280元

1983年，區紀復辭去高薪工作，也辭退繁華世界的虛無，在花蓮建立心中的「鹽寮淨土」：蓋木屋，拾柴燒飯，挑水取用，提倡簡樸生活。二十多年來，區紀復影響許多人，紛紛在城市中展開他們的簡約生活。

愛的開顯就是恩典，
心的照顧就是成長；
親子攜手，同向生命的高處仰望，
愛必泉湧，心必富饒。

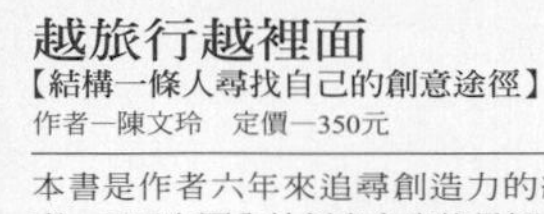

越旅行越裡面

【結構一條人尋找自己的創意途徑】

作者—陳文玲　定價—350元

本書是作者六年來追尋創造力的紀事，不只有國內外創意名家的見解，也提出作者自身的質疑和反思；不只是創意教學的建議，更現身說法自我開發創意的訓練途徑。

找阿寶，玩創意

集體創作—陳文玲、〈找阿寶〉團隊
定價—680元

最初，阿寶只是一個大學老師的中年花蓮夢。後來，一群人畫圖寫詩跳舞演戲，創造了〈找阿寶〉工作坊，用夢來玩創意。內附60張阿寶創意卡，和一套往自己裡面開發無限可能的方法。

走進泥巴國

作者—張娟芬　定價—340元

長期關注台灣社會，致力於女性、同志、原住民等弱勢族群議題的張娟芬，以本書開拓她的寫作生涯，遠赴佛教小國尼泊爾，融入當地生活，從旅途見聞及自然書寫中描繪尼國的政經變化、庶民生活及人文概況。

尼泊爾，花花巴士

圖．文—陳斐翡
攝影—尹珪烈　定價—260元

背包客陳斐翡再度上路，她還要帶回許多可愛的塗鴉插畫，和悠遊緩慢的旅途記事。書上除了必備的旅行資訊，還收錄了作者的韓國籍先生尹珪烈的攝影作品，帶你的心飛向尼泊爾！

不旅不行，拉達克

圖、文—陳斐翡　攝影—尹珪烈
定價—320元

繼《尼泊爾，花花巴士》後，作者延續女性觀看世界與自我追尋的主題，以清新自覺的文字、細膩的手繪圖及敏銳影像，將拉達克的生活場景漸次開展。

管他的博士學位，跳舞吧

作者—蔡適任　定價—250元

人類學博士蔡適任為尋找生命出口，一頭栽進千姿百媚的東方舞（俗稱肚皮舞）世界。這場身體探險，喚醒她沉睡已久的肢體，層層打開潛藏的情感，尋得身心真正的平衡與自由。

GrowUp

哈利波特與神隱少女

【進入孩子的內心世界】

作者—山中康裕
譯者—王真瑤　定價—260元

作者長年鑽研榮格心理學，也是長期關心孩童的臨床醫師。他以「哈利波特」與「神隱少女」兩部電影為題材，討論故事中的人物及情節，帶領我們深入探討現代孩子的內心。

我是EQ高手（書+光碟）

【加強孩子的情緒管理】

作者—楊俐容　定價—500元

本書目標在於加強孩子的情緒管理能力，以「感覺情緒知多少」、「情緒三部曲」、「公說公有理，婆說婆有理」及「做個EQ高手」四個單元，介紹EQ的基礎概念和實用秘訣。

我真的很不錯（書+光碟）

【提升孩子的自我概念】

作者—呂俐安、黃瑞瑛、張黛眉、楊雅明
楊俐容
定價—500元

本書內容分為「魔鏡魔鏡我問你」、「我的情緒面面觀」、「人在江湖」及「我的未來不是夢」四個單元，介紹自我的概念。

我好，你也好（書+光碟）

【增進孩子的溝通技巧】

作者—楊俐容　定價—500元

《我好，你也好》的目標在於加強孩子的溝通技巧，分別以「本尊與分身」、「我的分身面面觀」、「一樣米養百樣人」、「做個小太陽」四個單元，介紹溝通技巧的基礎概念和實用秘訣。

我是解題高手（書+光碟）

【激發孩子解決問題的能力】

作者—呂俐安、張黛眉、黃瑞瑛、楊雅明
楊俐容
定價—500元

本書著眼於「問題解決」，架構父母協助孩子以及教師協助學生健康成長的基礎，讓孩子們在活潑生動的遊戲中學習，並建立「如實的自信心」。

給媽媽的貼心書

【孩子、家庭和外面的世界】

作者—唐諾．溫尼考特　審閱—王浩威
譯者—朱恩伶　定價—360元

本書是兒童精神分析大師溫尼考特醫師在英國國家廣播公司的系列講座，1964年出版至今仍為父母必備的育兒指南。

Caring

空間就是性別

作者—畢恆達　定價—260元

本書是環境心理學家畢恆達繼《空間就是權力》後推出的新作，是他長年針對台灣性別與空間的觀察，探討人們習以爲常的生活背後，所運行的性別機制。

空間就是權力

作者—畢恆達　定價—320元

空間是身體的延伸、自我認同的象徵，更是社會文化與政治權力的角力場。因此改變每日生活空間的行動，就成了賦予自己界定自我的機會，形塑空間就是在形塑我們的未來。

我的退休進行式

作者—謝芬蘭　定價—250元

五十歲，我準備退休，離開服務數十年的職場。人人羨慕我好命，但我卻難免忐忑，在中年和老年交界的這個尷尬年紀，我要怎麼安排未來的二、三十年？

我買了一座教堂

作者—黛薇拉．高爾
譯者—許碧惠　定價—280元

一個眞實的故事：黛薇拉有天出門去買一磅奶油，卻一時衝動買下一座老教堂——她想用教堂拆下的建材，爲兒子蓋一個家。沒想到，過程錯誤百出、麻煩不斷……還好她和兒子天性樂觀，花了十年時間終於美夢成眞！

學飛的男人

【體驗恐懼、信任與放手的樂趣】

作者—山姆．金恩
譯者—魯宓　定價—280元

爲了一圓孩提時的學飛夢想，山姆以六十二歲之齡加入馬戲團學校，學習空中飛人。藉由細緻的述說，學飛成爲一則關於冒險、轉化、克服自我設限、狂喜隱喻的性靈旅程。

舞孃變醫生

作者—羅倫．洛希
譯者—詹碧雲　定價—280元

她曾是偷渡者、脫衣舞孃、性工作者，現在的她則是一位醫生。羅倫戲劇性的曲折人生，讓她吃盡苦頭；但天生強韌、樂觀的生命力，讓她奮力自混亂的生命低潮裡逆流而上，到達她夢想的彼岸。

那些動物教我的事

【寵物的療癒力量】

作者—馬提．貝克、德娜麗．摩頓
譯者—廖婉如　定價—380元

美國知名獸醫馬提．貝克醫師以自身患病經驗、周遭的眞實故事及大量科學研究，說明寵物與人類間特殊的情感，是人們對抗疾病與憂鬱的強大利器！

動物生死書

作者—杜白　定價—260元

杜白醫師希望藉由本書幫助讀者，藉由同伴動物這些小眾生的助力，讓我們能穿越老病死苦的迷障，開啓智慧，將善緣化爲成長的助力，爲彼此的生命加分。

陪牠到最後

【動物的臨終關懷】

作者—麗塔．雷諾斯
譯者—廖婉如　定價—260元

愛是永不離棄的許諾。愛我們的動物朋友，就要陪牠到最後！

野蠻的上帝

【自殺的人文研究】

作者—艾爾．艾佛瑞茲
譯者—王慶蘋、華宇　定價—380元

自殺，是毀滅的激情，還是創造的熱情？作者從宗教、歷史、社會學、精神分析等觀點分析自殺，並從他最擅長的文學領域出發，深究自殺與文學的關係，是自殺研究中的經典之作。

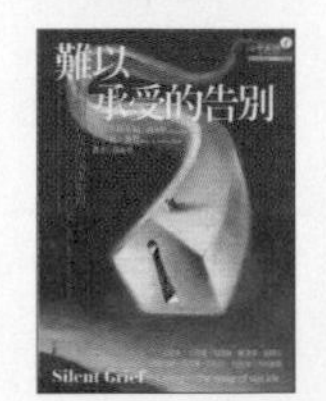

難以承受的告別

【自殺者親友的哀傷旅程】

作者—克里斯多福．路加斯、亨利．賽登
譯者—楊淑智　定價—280元

自殺的人走了，留下的親友則歷經各種煎熬：悔恨、遺憾、憤怒、自責、怨懟……漫漫長路，活著的人該如何走出這片哀傷濃霧？

染色的青春

【十個色情工作少女的故事】

編著—婦女救援基金會、纓花
定價—200元

本書呈現十位色情工作少女的眞實故事，仔細聆聽，你會發現她們未被呵護的傷痛，對愛濃烈的渴望與需求，透過她們，我們能進一步思索家庭、學校、社會的總總危機與改善之道。

顚倒的生命，窒息的心願，沈淪的夢想
爲在暗夜進出的靈魂，
守住窗前最後的一盞燭光
直到晨星在天邊發亮

SelfHelp

不要叫我瘋子
【還給精神障礙者人權】
作者—派屈克．柯瑞根、羅伯特．朗丁
譯者—張葦　定價—380元

本書兩位作者都有過精神障礙的問題，由於他們的寶貴經驗，更提高本書的價值。汙名化不僅只影響精障朋友，而會擴及社會。所以找出消除汙名化的方法應是大眾的責任。

他不知道他病了
【協助精神障礙者接受治療】
作者—哈維亞．阿瑪多、安娜麗莎．強那森
譯者—魏嘉瑩　定價—250元

如果你正爲有精神障礙的家人該不該接受治療而掙扎，本書是你不可或缺的。作者提供了深刻、同理且實用的原則，足以化解我們在面對生病的人時，產生的挫折與罪惡感。

愛，上了癮
【撫平因愛受傷的心靈】
作者—伊東明 譯者—廣梅芳 定價—280元

日本知名性別心理學專家伊東明，透過十三位男女的眞實故事，探討何謂「愛情上癮症」。他將愛情上癮症分爲四種：共依存型、逃避幸福型、性上癮型，以及浪漫上癮型。

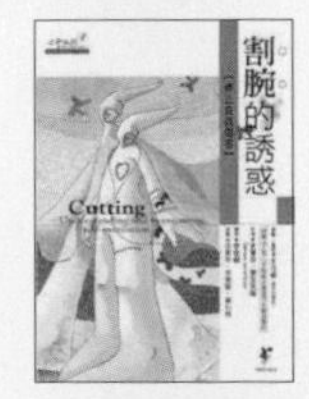

孩子，別怕
【關心目睹家暴兒童】
作者—貝慈．葛羅思
譯者—劉小菁　定價—240元

本書讓我們看到目睹家暴的孩子如何理解、回應並且深受暴力的影響。作者基於十多年的實務經驗，分享如何從輔導、法令與政策各方面著手，眞正幫助到目睹家暴的兒童。

割腕的誘惑
【停止自我傷害】
作者—史蒂芬．雷文克隆
譯者—李俊毅　定價—300元

本書作者深入探究自傷者形成自我傷害性格的成因，如基因遺傳、家庭經驗、童年創傷及雙親的行爲等，同時也爲自傷者、他們的父母以及治療師提出療癒的方法。

我的孩子得了憂鬱症
【給父母、師長的實用指南】
作者—孟迪爾
譯者—陳信昭、林維君　定價—360元

本書是國內第一本討論青少年憂鬱症的專書，在書中，作者再三強調，憂鬱症要及早診斷、給予恰當的治療，才能確保身心健康，而最好的康復之道，必須有家長的充分了解與支持，一起參與治療計畫。

我和我的四個影子
【邊緣性病例的診斷及治療】
作者—平井孝男
譯者—廣梅芳　定價—350元

邊緣性病例，是介於精神官能症、精神病、憂鬱症、健康等狀態之間，由許多層面融合而成。本書將解開這病症的謎團，讓我們對憂鬱症、人格障礙等症狀有更深的理解。

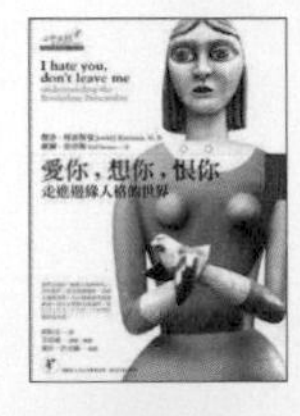

愛你，想你，恨你
【走進邊緣人格的世界】
作者—傑洛．柯雷斯曼、郝爾．史卓斯
譯者—邱約文　定價—300元

邊緣人格患者的情緒反反覆覆，充滿矛盾。本書是以通俗語言介紹邊緣人格的專書，除了供治療專業者參考，更爲患者、家屬、社會大眾打開一扇理解之窗，減輕相處的挫折與艱辛。

親密的陌生人
【給邊緣人格親友的實用指南】
作者—保羅．梅森、蘭蒂．克雷格
譯者—韓良憶　定價—350元

本書是專爲邊緣人格親友所寫的實用指南。作者收集一千多個案例，經過整理統合後，列出實際的做法，教導邊緣人格親友如何有效處理邊緣人格者的種種異常行爲，並照顧好自己。

躁鬱症完全手冊
作者—福樂．托利醫師，麥可．克內柏
譯者—丁凡　定價—500元

本書討論了與躁鬱症相關的獨特問題，包括酗酒、用藥、暴力、自殺、性、愛滋病和保密性，是一本針對病患、家屬與醫護人員需要而寫的躁鬱症完全手冊，也是介紹躁鬱症最全面完整的巨著。

老年憂鬱症完全手冊
【給病患家屬及助人者的實用指南】
作者—馬克．米勒，查爾斯．雷諾三世
譯者—李淑珺　定價—320元

高齡化社會已全面到來，要如何成功老化，憂鬱不上身，是知名的老人精神醫學權威米勒博士和雷諾博士的研究重心。本書總結他們二十年的臨床經驗，爲讀者提供完整實用的資訊。

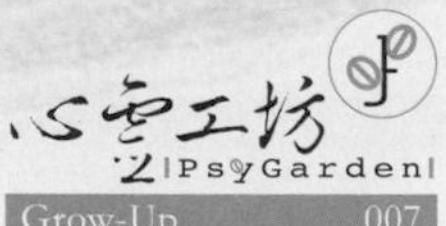

Grow-Up 007

我不壞，我只想要愛

發行人—蔡清華
指導委員—陳金源、郭金池、王進焱、潘春龍
文—高雄市學生心理諮商中心諮商團隊
圖—翁君菱
編輯小組—戴淑芬、陳姚如、張瓊文、蔡佩穜、李友煌、彭馨儀、林書如、張郁君、羅訓哲
內頁設計、編排—壹肆伍貳創意整合有限公司
文字編輯—郭漢辰

出版者—心靈工坊文化事業股份有限公司
發行人—王浩威　總編輯—王桂花
執行編輯—周旻君　封面設計—李靖雯
通訊地址—106台北市信義路四段53巷8號2樓
郵政劃撥—19546215　戶名—心靈工坊文化事業股份有限公司
電話—02）2702-9186　傳真—02）2702-9286
Email—service@psygarden.com.tw　網址—www.psygarden.com.tw

製版．印刷—彩峰造藝印像股份有限公司
總經銷—大和書報圖書股份有限公司
電話—02）8990-2588　傳真—02）2990-1658
通訊地址—242台北縣新莊市五工五路2號（五股工業區）
初版一刷—2010年7月　初版七刷—2014年9月
ISBN—978-986-6782-88-6　定價—300元

國家圖書館出版品預行編目資料

我不壞，我只想要愛／高雄市學生心理諮商中心作；初版—臺北市：
心靈工坊文化, 2010〔民99〕面；公分（Grow-Up 007）
ISBN 978-986-6782-88-6（平裝）
1.學生輔導　2.兒童、青少年心理　3.心靈勵志
527.47　99010802

心靈工坊 PsyGarden 書香家族 讀友卡

感謝您購買心靈工坊的叢書，為了加強對您的服務，請您詳填本卡，
直接投入郵筒（免貼郵票）或傳真，我們會珍視您的意見，
並提供您最新的活動訊息，共同以書會友，追求身心靈的創意與成長。

書系編號—GU007　　書名—我不壞，我只想要愛

姓名　　是否已加入書香家族？□是　□現在加入

電話（O）　（H）　手機

E-mail　生日　年　月　日

地址 □□□

服務機構（就讀學校）　職稱（系所）

您的性別—□1.女　□2.男　□3.其他

婚姻狀況—□1.未婚　□2.已婚　□3.離婚　□4.不婚　□5.同志　□6.喪偶　□7.分居

請問您如何得知這本書？

□1.書店　□2.報章雜誌　□3.廣播電視　□4.親友推介　□5.心靈工坊書訊
□6.廣告DM　□7.心靈工坊網站　□8.其他網路媒體　□9.其他

您購買本書的方式？

□1.書店　□2.劃撥郵購　□3.團體訂購　□4.網路訂購　□5.其他

您對本書的意見？

封面設計　□1.須再改進　□2.尚可　□3.滿意　□4.非常滿意
版面編排　□1.須再改進　□2.尚可　□3.滿意　□4.非常滿意
內容　□1.須再改進　□2.尚可　□3.滿意　□4.非常滿意
文筆／翻譯　□1.須再改進　□2.尚可　□3.滿意　□4.非常滿意
價格　□1.須再改進　□2.尚可　□3.滿意　□4.非常滿意

您對我們有何建議？

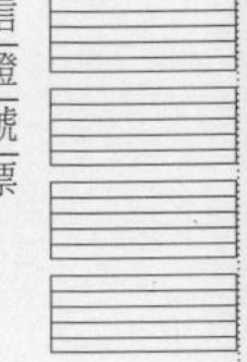

廣　告　回　信
台北郵局登記證
台北廣字第1143號
免　貼　郵　票

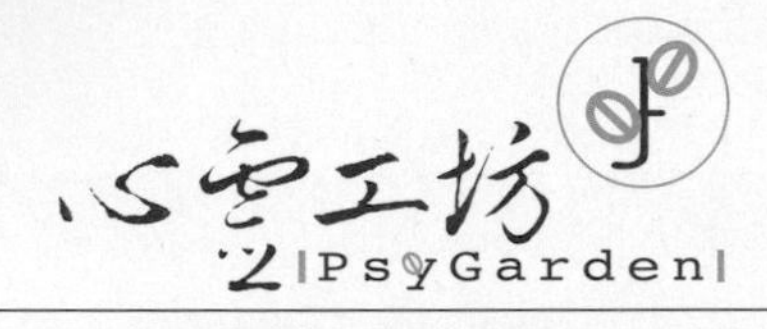

106台北市信義路四段53巷8號2樓

讀者服務組　收

免　貼　郵　票

（對折線）

加入心靈工坊書香家族會員
共享知識的盛宴，成長的喜悅

請寄回這張回函卡（免貼郵票），
您就成為心靈工坊的書香家族會員，您將可以——

隨時收到新書出版和活動訊息

獲得各項回饋和優惠方案